PERTRIX
Anoden-Batterie
150 VOLT

Lieber Anton Benya!

70 Jahre und kein bißchen leise: Da ist ein Mann unbeirrbar seinen Weg gegangen. Hat niemals auch nur einen Augenblick gezögert, seine Meinung zu sagen. Ist in die höchsten Positionen dieses Landes aufgestiegen und ist doch immer mit beiden Beinen fest dort gestanden, wo seine Kraft gewachsen ist, seine Zuversicht, sein Verantwortungsgefühl, sein Blick für die Realität: In der Welt des arbeitenden Menschen.

Es werden viele Reden gehalten werden zu diesem 70. Geburtstag. Wir haben uns für das Bild entschieden.

Für Fotos, die durch viele Jahrzehnte immer das gleiche Motiv zeigen: den Menschen und seine Arbeit.

Im Namen aller arbeitenden Menschen sagen wir Dir, lieber Freund Anton Benya:

Danke für Deine Arbeit.

Und ein »Glück auf« für die Zukunft.

Der Österreichische Gewerkschaftsbund

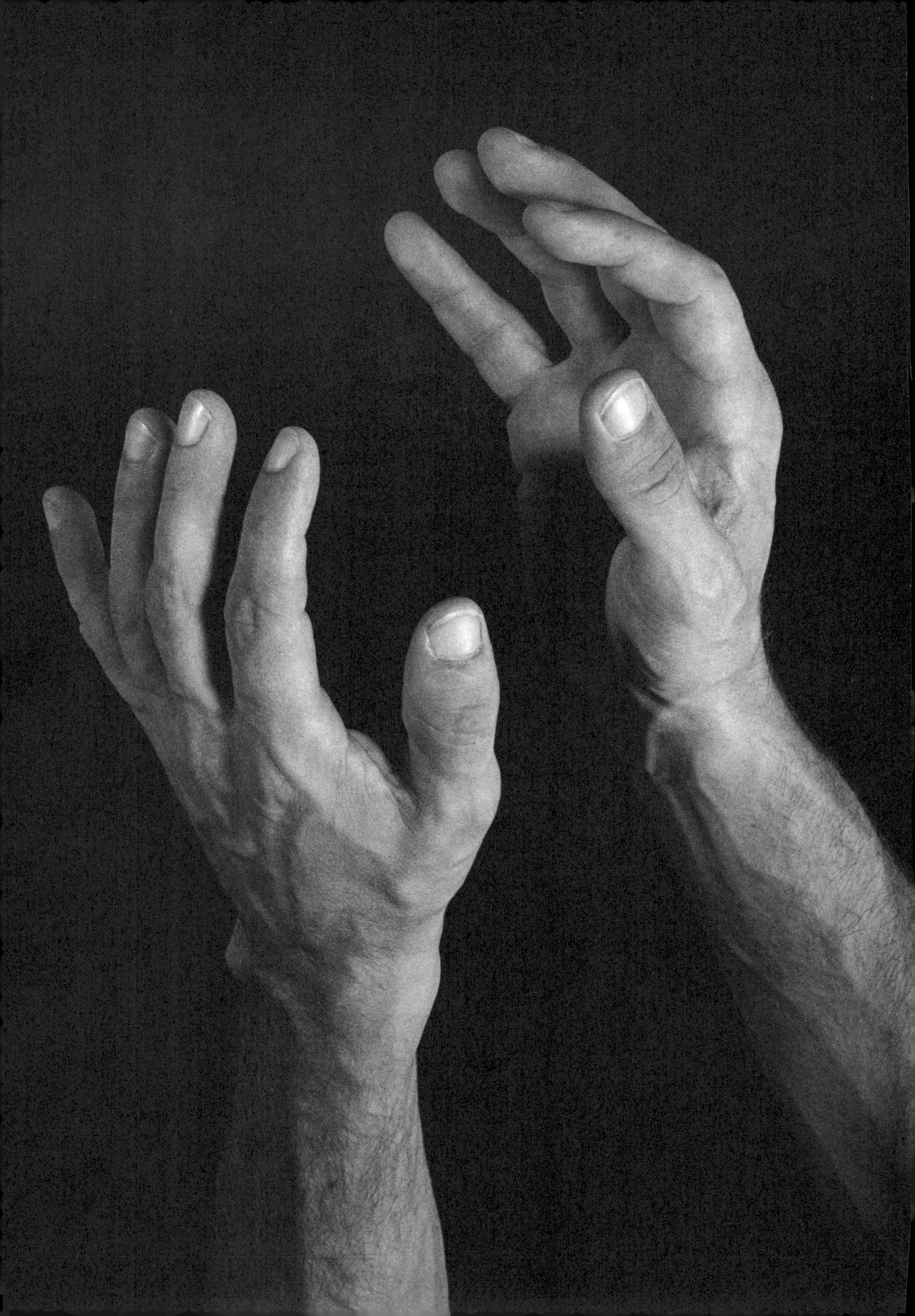

24

WR TM
WR
RD REV
RD FWD
RWD TM
UWD TM
RWD BLK
UWD BLK
RWD BOT
RWD UNL
SENSE
WRC
SEND STATUS
NOOP
PARITY RESET
320 B/cm
SPARE FF
INHIBIT SR
END
RESET DESKEW BUFFER
READ OR RAW THRESH
READ WITH RAW READ GATE
100ms
10ms
1s
1ms
10s
OFF
2^0
2^8
2^7
2^6
2^5
DISABLE
8
4
2
1
CYCLE START
STOP SINGLE
RESET
LAMP CHECK
LAMPS ON
DELAY
WR TM
WR
RD REV
RD FWD
RWD TM
UWD TM
RWD BLK
UWD BLK
RWD BOT
RWD UNL
SENSE
WRC
SEND STATUS
NOOP
PARITY RESET
320 B/cm
SPARE FF
INHIBIT SR
END
READ OR RAW THRESH
READ WITH RAW READ GATE
100ms
10ms
1s
1ms
10s
OFF
2^8
2^7
2^6
2^5
2^4
2^3
2^2
2^1
2^0
DISABLE
TRACK
(READ)
CYCLE
STOP
RESET
LAMP CHECK
LAMPS ON
PERIODICAL RESET
DELAY

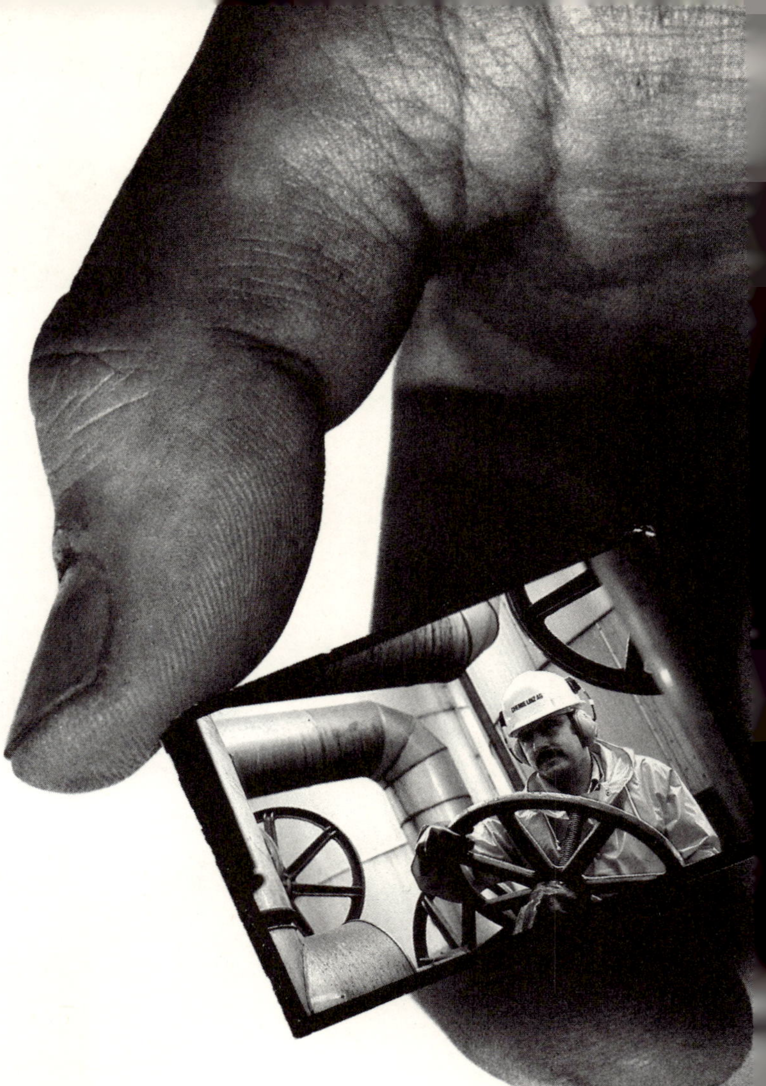

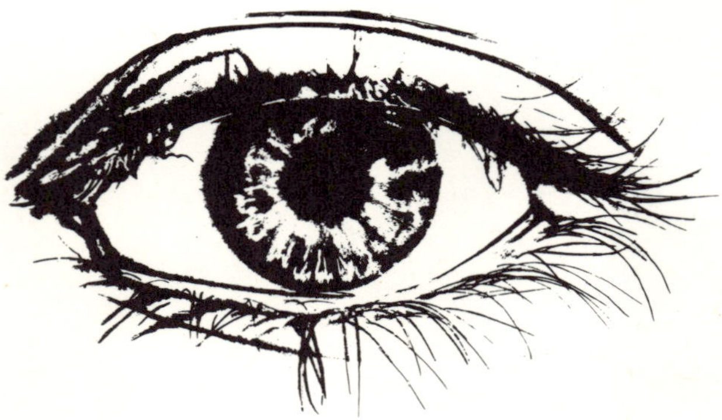

Auge

Das Bild der Arbeit

Europaverlag

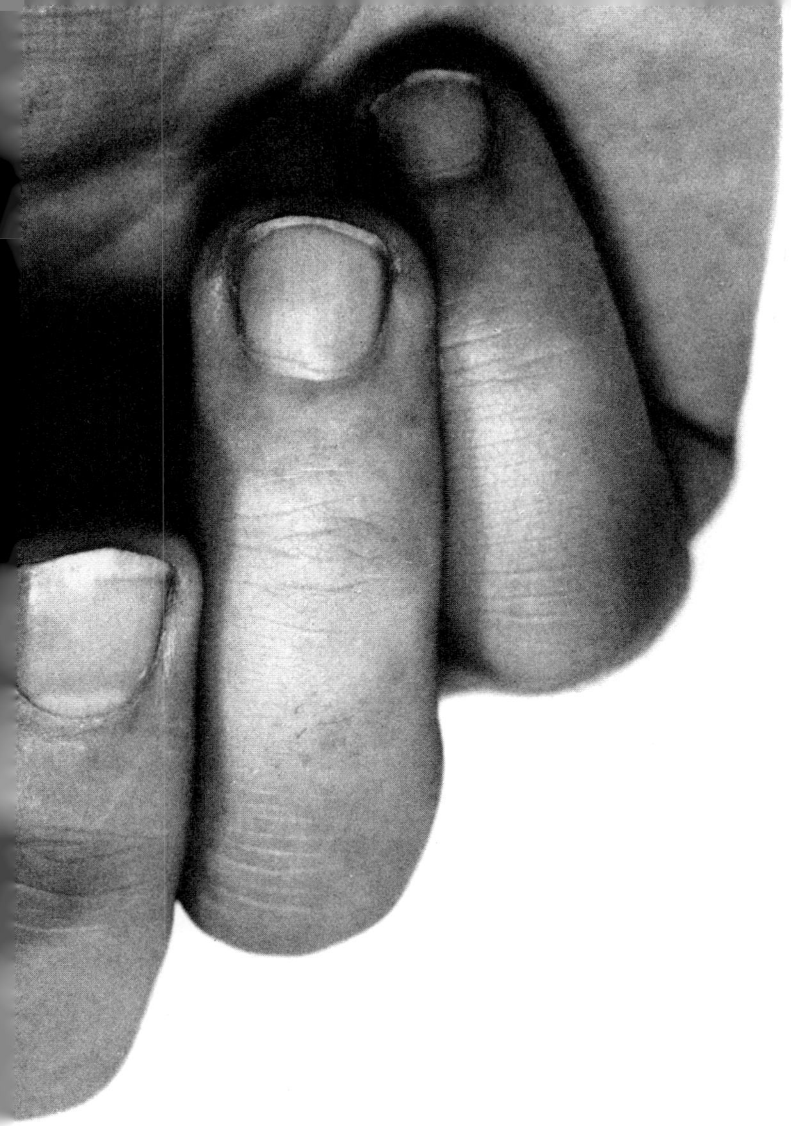

nzeugen

Texte:
Winfried Bruckner
Fritz Klenner
Friederike Stadlmann

Bildredaktion und Gestaltung:
Franz Stadlmann

Der Doctor.

Ich bin ein Doctor der Artzney/
An dem Harn kan ich sehen frey
Was kranckheit ein Menschn thut beladn
Dem kan ich helffen mit Gotts gnadn
Durch ein Syrup oder Recept
Das seiner kranckheit widerstrebt/
Daß der Mensch wider werd gesund/
Arabo die Artzney erfund.

Der Apotecker.

Ich hab in meiner Apoteckn
Viel Matery die lieblich schmeckn/
Zucker mit Würtzen ich conficier
Mach auch Purgatzen vnd Clistier/
Auch zu stercken den krancken schwachn
Kan ich mancherley Labung machn/
Das alles nach der Artzte raht
Der seinen Brunn gesehen hat.

Der Schrifftgiesser.

Ich geuß die Schrifft zu der Druckrey
Gemacht auß Wißmat/ Zin vnd Bley/
Die kan ich auch gerecht justiern/
Die Buchstaben zusammn ordniern
Lateinisch vnd Teutscher Geschrifft
Was auch die Griechisch Sprach antrifft
Mit Versalen/ Puncten vnd Zügn
Daß sie zu der Truckrey sich fügen.

Der Procurator.

Ich procurir vor dem Gericht/
Vnd offt ein böse sach verficht/
Durch Loic falsche list vnd renck
Durch auffzug auffsatz vnd einklenck/
Darmit ichs Recht auffziehen thu:
Schlecht aber zuletzt vnglück zu
Daß mein Parthey ligt vnterm gaul
Hab ich doch offt gfüllt beutl vnd maul.

Der Reisser.

Ich bin ein Reisser frü vnd spet/
Ich entwürff auff ein Linden Bret/
Bildnuß von Menschen oder Thier/
Auch gewechß mancherley monier/
Geschrifft/auch groß Versal buchstaben/
Historj / vnd was man wil haben/
Künstlich/daß nit ist außzusprechen/
Auch kan ich diß in Kupffer stechen.

Der Papyrer.

Ich brauch Hadern zu meiner Mül
Dran treibt mirs Rad deß wassers viel/
Daß mir die zschnitn Hadern nelt/
Das zeug wirt in wasser einquelt/
Drauß mach ich Pogn auff dẽ filtz bring/
Durch preß das wasser darauß zwing.
Denn henck ichs auff/laß drucken wern/
Schneweiß vnd glatt / so hat mans gern.

Jost Amman (1539–1591), der in der Schweiz geborene und in Nürnberg lebende Meister einer ungemein detailreichen Kleinkunst, wurde mit seinem »Ständebuch« populär. Er ist jener Beobachter seiner Zeit, der in seinen Holzschnitten liebevoll Tausende Details festhält, die oft nur mehr mit der Lupe zu erkennen sind. Er war ein sehr fleißiger Künstler. Neben dem Ständebuch erarbeitete er ein Kräuterbuch, ein Hebammenbuch, ein Wappenbuch. Was das »Ständebuch« auch für die heutige Zeit so interessant macht, ist der Geist, der aus den Illustrationen spricht, zu denen der Schuhmacherpoet Hans Sachs seine derben Verse schmiedete: Da wird eine Gesellschaft sichtbar, die gottgewollt von oben nach unten aufgebaut ist. Diese Ordnung ist so bestimmt und muß so bewahrt werden. Jeder Stand hat seine ganz bestimmten Aufgaben zu erfüllen, jeder Mensch soll schon nach außen hin einzuordnen sein: Durch seine Kleidung, sein Zunftzeichen, durch die Gasse, in der er wohnt, durch die Lokale, in denen er verkehrt.

Der Form ſchneider.

Jch bin ein Formen ſchneider gut/
Als was man mir für reiſſen thut/
Mit der federn auff ein form bret
Das ſchneid ich denn mit meim geret/
Wenn mans deñ druckt ſo ſind ſich ſcharff
Die Bildnuß/wie ſie der entwarff/
Die ſteht/denn druckt auff dem papyr/
Künſtlich denn auß zuſtreichen ſchier.

Der Buchdrücker.

Jch bin geſchicket mit der preß
So ich aufftrag den Firniß reß/
So bald mein dienr den bengel zuckt/
So iſt ein bogn papyrs gedruckt.
Da durch kombt manche Kunſt an tag/
Die man leichtlich bekommen mag.
Vor zeiten hat man die bücher gſchribn/
Zu Meintz die Kunſt ward erſtlich triebn.

Der Brieffmaler.

Ein Brieffmaler bin aber ich/
Mit dem Penſel ſo nehr ich mich/
Anſtreich die bildwerck ſo da ſtehnd
Auff Papyr oder Pergament/
Mit farben/vnd verhöchs mit gold/
Den Patronen bin ich nit hold/
Darmit man ſchlechte arbeit macht/
Darvon auch gringen lohn empfacht.

Der Buchbinder.

Jch bind allerley Bücher ein/
Geiſtlich vnd Weltlich/groß vnd klein/
Jn Perment oder Bretter nur
Vnd beſchlags mit guter Clauſur
Vnd Spangen/vnd ſtempff ſie zur zier/
Jch ſie auch im anfang planier/
Etlich vergüld ich auff dem ſchnitt/
Da verdien ich viel geldes mit.

Der Handmaler.

Die Kunſt der perſpectiff ich pur
Bericht bin/vnd Contrafactur/
Dem Menſchen ich mit farb kan gebn
Sein gſtalt/ als ob diß Bild thu lebn
Stätt/Schlöſſer/Waſſer/Berg vñ Wäld/
Ein Heer / ſam lig ein Fürſt zu Feld/
Kan ich ſo eigentlich anzeygn/
Als ſtehe es da Leibhafftig eign.

Der Glaſſer.

Ein Glaſſer war ich lange jar/
Gut Trinckgläſer hab ich fürwar/
Beyde zu Bier vnd auch zu Wein/
Auch Venediſch glaßſcheiben rein/
Jn die Kirchen / vnd ſchönen Sal/
Auch rautengläſer allzumal/
Wer der bedarff / thu hie einkern/
Der ſol von mir gefürdert wern.

Auch Amman kann sich diesem Denken nicht ganz entziehen. Allerdings, seine ganze Liebe gilt dem Handwerker-Stand.
Rund hundert Jahre vor Ammans »Ständebuch« schrieb der Hofhistoriker Philipps des Guten und Karls des Kühnen, Chastellain, über den »Rest der Gesellschaft«: »Um nun zum dritten Glied zu kommen, das das Reich vollständig macht, so ist das der Stand der guten Städte, der Kaufleute und der Feldarbeiter, ein Stand, von dem es sich nicht ziemt, eine ebenso lange Darstellung zu geben wie von den anderen: Aus dem Grunde, daß er an sich hoher Eigenschaften kaum fähig, weil er dienenden Ranges ist.«
Jost Amman teilt diese Ansicht nicht mehr: von 133 Holzschnitten widmet er mehr als hundert dem dritten Stand. Aus ihnen spricht bereits der Stolz des Handwerkers, die Überzeugung, Gutes und Wichtiges zu leisten. Tatsächlich wird ja die Handarbeit immer mehr Qualitätsarbeit.

Der Glaßmaler.

Einen Glaßmaler heist man mich/
In die Glässer kan schmeltzen ich/
Bildwerck / manch herrliche Person/
Adelich Frauwen vnde Mann/
Sampt jren Kindern abgebild/
Vnd jres gschlechts Wappen vnd Schilt/
Daß man erkennen kan darbey/
Wann diß Geschlecht herkommen sey.

Der Seydensticker.

Ich aber kan wol Seyden stickn/
Mit Gold die brüst vnd Ermel rückn/
Versetzet mit Edlem gestein/
Auch mach ich güldin Hauben rein/
Krentz vnd harband von perlein weiß/
Künstlich Mödel mit hohem fleiß/
Auch Kirchen greht Meßgwant vnd Albn
Kan ich wol schmückn allenthalben.

Der Goldtschmid.

Ich Goldtschmid mach köstliche ding/
Sigel vnd gülden petschafft Ring/
Köstlich geheng vnd Kleinot rein
Versetzet mit Edlem gestein/
Güldin Ketten/ Halß vnd Arm band/
Scheuren vnd Becher mancher hand/
Auch von Silber Schüssel vnd Schaln/
Wer mirs gutwillig thut bezaln.

Der Steinschneider.

Ich aber schneyd Edelgestein
Auff meiner scheiben groß vnd klein/
Als Granat/ Rubin vnd Demut/
Schmarack/ Saphyr/ Jacinthn gut/
Auch Calcidonj vnd Perill/
Schneyd auch der Fürsten Wapen viel/
Die man setzt in die Pettschafft Ring/
Sunst auch viel Wappen aller ding.

Der Bildhauwer.

Bildschnitzen so hab ich gelehrt/
Vor jaren war ich hoch geehrt/
Da ich der Heyden Götzen macht/
Die man anbett vnd Opffer bracht/
Die ich machet von Holtz vnd Stein/
Auch von Cristallen sauber rein/
Geliedmasirt vnd wolgestalt/
Die mit Gelt wurden hoch bezalt.

Der Kauffmann.

Ich aber bin ein Handelsmann/
Hab mancherley Wahr bey mir stan/
Würtz/ Arlas/ Thuch/ Wolln vñ Flachß.
Sammat / Seiden/ Honig vnd Wachß/
Vnd ander Wahr hie vngenannt/
Die führ ich eyn vnd auß dem Land/
Mit grosser sorg vnd gfehrlichkeit
Wann mich auch offt das vnglück reit.

Der Müntzmeister.

In meiner Můntz schlag ich gericht/
Gute Můntz an kern vnd gewicht/
Gůlden/Cron/Taler vnd Batzen/
Mit gutem preg / künstlich zu schatzen/
Halb Batzen/Creutzer vnd Weißpfennig/
Vnd gut alt Thurnis / aller mennig
Zu gut/in recht guter Landswerung/
Dardurch niemand geschicht gferung.

Der Goltschlager.

Silber/Golt/ich zu Blettern schlag/
Diß zu seim Handwerck brauchen mag/
Maler vnd Brieffmaler darbey/
Vnd ander Handwerck zur Malerey/
Auch mag man das Golt maln vnd reibn/
Ein Gůlden Schrifft darmit zu schreybn/
Dergleich mag man Golt auch spinnen/
Wircken/vnd vernehn mit sinnen.

Der Krämer.

Ich bin ein Krämer lange jar/
Kompt/vnd kaufft hie mancherley Wahr/
Als Brůch/Pfeiffen/vnd Schlötterlein/
Item/Würtz/Zucker vnd Brentn Wein/
Spiegel/Schelln/Käm/nadl vñ Harbät/
Leckkuchn/Nestel vnd Brillen gnannt/
Die Krämerey mancherley Wahrn/
Erfand lieber Pater vor jarn.

Der Beutler.

Hieher zu mir wer kauffen wil/
Hie find jr gmachter arbeit viel/
Hirschn/Semisch/Egrisch vñ Preussisch/
Cöllsch/Schäffen/Kelbren vñ Reusisch/
Manns wetschger gemacht allerhandt/
Auch Händtschuch mancher art genannt/
Darzu Frauwen Beutel wolgschaffn/
Auch für Beuwrlin/Můnch vñ Pfaffen.

Der Gürtler.

Hie find jr Gůrtel wol gemacht
Von Läder/artlich vnd geschlacht/
Von Rincken/Senckel/hůbsch ergrabn/
Von Lauberck Meisterlich erhabn/
Gestempfft/glatt/breit vnd auch schmal/
Mannsgůrtel auff das best zumal/
Mach auch stempffeyßn vnd Brenneysen/
Grab Sigel/wie ich kan beweißn.

Der Nestler.

Mein Nestl von gutem Läder gantz/
Beschlagen wol mit Farben glantz/
Rot/Braun/Gelb/Aschenfarb vñ Weiß/
Köllisch Nestel/vernitet mit fleiß/
Vngerisch Nestel/zeh/lang vnd starck/
Gering Nestel auff den Jarmarck/
Auch der Schnůr Riemen dreyerley/
Drumb wer jhr darff/mach sich herbey.

Der Metzger.

Hieher/ wer Fleisch nit kan gerahten/
Zu Sieden / Kochen vnd zu Brahten/
Von Ochsen/ Kelber/ Schaffen vñ schwein/
Gut / feist/ die frisch gestochen seyn/
Gut vorricht/ Kalbskopff / Füß vnd Kröß/
Kuttelfleck / Ochsenmägen sind nit böß/
Welcher mir bar Gelt zelet auff/
Dem wil ich geben guten Kauff.

Der Jäger.

Ich bin meines Herrn Jäger worn/
Mit mein Hunden vnd Jägerhorn
Ich Bern vnd wild Schwein hetz/
Die Stich ich denn in meinem Netz/
Rehe/ Hirschen/ Füchß/ Wölff vñ Haßn
Můssen die Heut hinder jn laßn/
Den ich nachspůr/ Wäld/ Berg vñ Thal
Fell jr ein jar ein grosse zal.

Der Koch.

Ich bin ein Koch / für erbar Gest
Kan ich wol kochen auff das best/
Reiß/ Pfeffer / ander gut Gemůß/
Vögel/ Fisch / Sůltzen/ reß vnd süß/
Für den Bauren vnd Handwercksmann/
Hirß/ Gersten / Linsen / Erbeiß vnd Bon/
Rotseck/ Wůrst/ Suppen/ Rübn vñ Kraut
Darmit sie auch füllen jr Haut.

Der Müller.

Wer Korn vnd Weitz zu malen hat/
Der bring mirs in die Můl herab/
Denn schütt ichs zwischen den Můlstein
Vnd mal es sauber rein vnd klein/
Die Kleyen gib ich treuwlich zu/
Hirsch/ Erbeiß / ich auch neuwen thu/
Dergleich thu ich auch Stockfisch bleuwn/
Würtz stoß ich auch mit gantzn treuwen .

Der Beck.

Zu mir rein/ wer hat Hungers not/
Ich hab gut Weitz vnd Rücken Brot/
Auß Korn/ Weitzen vnd Kern/ bachen/
Gesaltzn recht / mit allen sachen/
Ein recht gewicht / das recht wol schmeck/
Seiñel / Bretzen / Laub/ Spuln vñ Weck/
Dergleich Fladen vnd Eyerkuchn/
Thut man zu Ostern bey mir suchn.

Der Bauwer.

Ich aber bin von art ein Bauwr/
Mein Arbeit wirt mir schwer vnd sauwr
Ich muß Ackern/ Seen vnd Egn/
Schneyden/ Mehen / Heuwen dargegn/
Holtzen/ vnd einführn Hew vnd Treyd/
Gült vñ Steuwr macht mir viel hertzleid
Trinck Wasser vnd iß grobes Brot/
Wie denn der Herr Adam gebot.

Der Bierbreuwer.

Auß Gersten sied ich gutes Bier/
Feißt vnd Sůß/auch bitter monier/
In ein Breuwkessel weit vnd groß/
Darein ich denn den Hopffen stoß/
Laß den in Brennten kůlen baß/
Damit fůll ich darnach die Faß
Wol gebunden vnd wol gebicht/
Denn giert er vnd ist zugericht.

Der Schneider.

Ich bin ein Schneider/mach ins Feld/
Den Krieges Fůrsten jre Zelt/
Mach Reñdeck zu Stechn vnd Thurnier/
Auff Welsch vnd Frantzösisch Manier/
Kleid ich sie gantz höfflicher art/
Ir Hofgsind vnd die Frauwen zart/
Kleid ich jn Sammet Seiden rein/
Vnd in wullen Thuch die Gemein.

Der Kůrschner.

Wol her/ich fůtter Röck vnd Schaubn/
Mach schůrtzbeltz /brustthůch/Vehehaubn/
Von Zöbel/Marder/Vehe vnd Lůchsen/
Von Hermlein/Jlter/Wölff vnd Fůchsn/
Von Welschen Kröpffen vnd Geißfeln/
Von Wam̃en / Růcken / Klaw vnd Keln/
Wer mir thut seines Geltes gönnen/
Der thut mich allzeit willig finden.

Der Schwartzferber.

Ich bin der schwartz Farb ein Sůcher/
Ferb den Kauffleutn die Schwabnthůcher
Grůn/graw vnd schwartz/ vñ darzu blaw/
Darzu ich auch ein Mange hab/
Daß ich sie mang fein gell vnd glat/
Auch was man sonst zu ferben hat/
Vnd mangen findt man mich allzeit/
Darzu gutwillig vnd bereit.

Der Weber.

Ich bin ein Weber zu Leinen Wat/
Kan wircken Barchent vnd Sponat/
Tischthůcher/Handzwehl/Facilet/
Vnd wer lust zu Bettziechen hett/
Gewůrffelt oder Kamaca/
Allerley gmödelt Thůcher da/
Auch Flechsen vnd wircken Haußthuch/
Die Kunst ich bey Aragnes such.

Der Hůter.

Kehrt hie hereyn jr Kauffleut all/
Schauwt /ob mein arbeit euch gefall/
Von guter Wolln/sauber/nicht biltzet/
Wol gschlagen/gwalcken vnd gefiltzet/
Auch wol geformbt vnd zugericht/
Gezogen Hůt vnd auch gebicht/
Auch mach ich der Filtzsocken viel/
Wenn der kalt Winter anbrechn wil.

Der Schuhmacher.

Hereyn/wer Stiffl vnd Schuh bedarff/
Die kan ich machen gut vnd ſcharff/
Bůchſn / Armbroſthalffter vñ Wahtſeck/
FeuwrEymer vnd Reyßtruhen Deck/
Gewachtelt Reitſtieffl / Kůrißſchuch/
Pantoffel / gefůtert mit Thuch/
Waſſerſtiffl vnd Schuch außgeſchnittn/
Frauwenſchuch / nach Hóflichen ſittn.

Der Balbierer.

Ich bin beruffen allenthalbn/
Kan machen viel heilſamer Salbn/
Friſch wunden zu heiln mit Gnaden/
Dergleich Beinbrůch vnd alte Schaden/
Frantzoſen heyln/den Staren ſtechn/
Den Brandt leſchen vnd Zeen außbrechn/
Dergleich Balbiern/Zwagen vnd Schern
Auch Aderlaſſen thu ich gern.

Der Zanbrecher.

Wolher/wer hat ein böſen Zan/
Denſelben ich außbrechen kan/
On wehtagn / wie man gbiert die Kinder/
Auch hab ich Kramſchatz nicht deſtmindr/
Petrolium vnd Wurmſamen/
Thriacks vnd viel Mückenſchwañen/
Hab auch gut Salbn / für Flöhe vñ Leuß/
Auch Pulver für Ratzen vnd Meuß.

Der Bader.

Wolher ins Bad Reich vnde Arm/
Das iſt jetzund geheitzet warm/
Mit wolſchmacker Laug mã euch weſcht/
Denn auff die Oberbanck euch ſetzt/
Erſchwitzt / deñ werdt jr zwagn vnd gribn/
Mit Laſſn das vbrig Blut außtriebn/
Denn mit dem Wannenbad erfreuwt/
Darnach geſchorn vnd abgefleht.

Der Glockengieſſer.

Ich kan mancherley Glocken gießn/
Auch Bůchſen/darauß man thut ſchießn/
Auch Mórſer/damit man wůrfft Feuwr
Zu den Feinden / gar vngeheuwr/
Auch Ehrn Háfen auff dreyen beyn/
Auch Ehrin óſen / groß vnd klein/
Auß Glocken Ertz/künſtlich gegoßn/
Lydus hat dieſe Kunſt außgoßn.

Der Fingerhůter

Auß Meſſing mach ich Fingerhůt/
Blechweiß / werden im Feuwer glůt/
Denn in das Eyſen glenck getriebn/
Darnach lóchlein darein gehiebn/
Gar mancherly art / eng vnd weit/
Fůr Schuſter vnd Schneider bereit/
Fůr Seidenſticker vnd Náterin/
Deß Handwercks ich ein Meiſter bin.

Der Läderer.

Die Heuwt die henck ich in den Bach/
Werff sie in den Escher darnach /
Dergleich die Kalbfel auch also/
Darnach wirff ich sie in das Loh/
Da sie jr ruhe ein zeit erlangn/
Darnach henck ichs auff an die Sta ngn/
Wüsch darnach ab mit eim Harwüsch/
Vnd habs feyl auff dem Leder Tisch.

Der Brillenmacher.

Jch mach gut Brillen / klar vnd liecht/
Auff mancherley Alter gericht/
Von viertzig biß auff achtzig jarn/
Darmit das gsicht ist zu bewarn/
Die gheuß von Leder oder Horn/
Dreyn die gläser Poliert sind worn/
Dadurch man sicht/gar hell vnd scharff/
Die find jhr hie / wer der bedarff.

Der Bürstenbinder.

Ein Bürstenbinder nennt man mich/
Allerley gattung mache ich/
Schön bürsten für Frauwn vñ jūckfrauwn
Mit Golt vmbzogn lustig zuschauwn/
Auch Kehrbürstn für die Kleider lind/
Auch Börstwüsch für das Haußgesind/
Auch Bürstn damit mā Gläser schwenckt
Wo die mit vnlust wern behenckt.

Der Kammacher.

Kam machen hab gelehrnet ich/
Buchßbäumen Kem/ gar Meisterlich/
Auch Hürnen Kem für die Gemein/
Auch schöne Kem von Helffenbeyn/
Für Balbierer vnd grosse Herrn/
Die schön ding haben wunder gern/
Also mancher gattung zumal/
Find jr auch bey mir ohne zal.

Der Thuchschärer.

Hereyn/wer Thuch zu schären hab/
Es sey Schwartz/Grün/Rot oder Blaw/
Mechlisch / Lündisch / Lyrisch / Stamet /
Englisch / vnd wie es namen het/
Auch Barchant schmitzn vnd kutniren/
Kan schmaltzfleck außreyben vñ schmiern/
Die Hosenfell auch Künstlich schmitzn/
Vnd Kittelthuch/daß es thut glitzn.

Der Schlosser.

Jch mach die Schlothüt klein vnd groß/
Rigel/Bender/Schlüssel vnd Schloß/
Eysern Truhen/Brunkettn /Gitter/
Scheid auch die Schlöt / für vngwitter/
Kuchentryfus/Eysern Bräter/
Den Kirchen Han/zeygt Wind vñ wettr /
Auch Ofenfüß / was man wil han/
Von Eysen ich wol machen kan.

Der Circkelschmidt.

Ich mach mancherley Werckzeug art/
Subtile Zirckel vnd Daßart/
Mancherley Zangen / gschraufft vñ glatt/
DrehEysßn/GärbEysßn/in vil Werckstat/
Dem holtzdrechßl/rotschmidt vñ schreiner/
Kandelgiesser vnd Balbierer/
Mach auch künstlicher Stück sehr viel/
Rein gegraben/glatt vnd subtil.

Der Messerschmidt.

Ich mach Par messer wol beschalt/
Köstlich vnd schlecht / darnach mans zalt/
Von Helffenbeyn/Buchßbaũ vñ Sandl/
Mit rot vnd schwartzem Holtz ohn wandl/
Mach darzu Langwehr / Dolch vñ Tegn/
Kan etzẽ/Scheyd machn/vñ Schwert fegẽ.
Wer dieser meiner arbeit darff/
Der find mein Zeichen grecht vnd scharff.

Der Sporer.

Ich mache Sporn von Stahl vñ Eysßn/
Geschwertzt vñ Zint/die man thut preysßn/
Die doch den Gaul nit hart verletzn/
Welch Pferd sich tückisch widersetzn/
Den mach ich ein scharffes gebiß/
Das jn von statten treibt gewiß:
Dem Bauwren mach ichs gröber viel/
Der es nur wolfeyl haben wil.

Der Kupfferschmidt.

Ich mach auff hohe Thürn die Knöpff/
Eymer damit man Brünnen schöpfft/
Badkeßll / Trög vnd die Badwannen/
Feuwr Kuffen / Breuwkeßl Pfannen/
Klein vnd groß Kessel zu dem waschen/
Hellhäffn / Külkeßl/ vnd Weinflaschen/
Fleischscheffel / Spülnepff / wasser Stütz/
Brennhüt zum Wasser brennen nütz.

Der Büchsenschmidt.

Ich bin aber ein Büchsen Schmid/
Die Büchsen Ror die mach ich mit/
Kurtz vnd lang/Eysern/starck vnd fest/
Außbort/auff das gltettest vnd best/
Der keines ist mir feil darbey/
Biß es vor wol beschossen sey/
Auff daß im schuß es nit zerspring/
Vnd einen Mann zu schaden bring.

Der Vhrmacher.

Ich mache die reysenden Vhr/
Gerecht vnd Glatt nach der Mensur/
Von hellem glaß vnd kleim Vhrsant/
Gut/daß sie haben langen bestandt/
Mach auch darzu Hültzen Geheuß/
Dareyn ich sie fleissig beschleuß/
Ferb die gheuß Grün/Graw/rot vñ blaw
Drinn man die Stund vnd vierteil hab.

Der Rotschmidt.

Bildwerck/Wappen/ich gossen hab/
Auff mannig köstlich Fürsten Grab/
Artlich Leuchter/so stehn vnd hangn/
In Kirchen vnd auff dem Sal brangn/
Räuchfesser vnd die Messing Sprützn/
Die man thut in den Brünsten nützen/
Mörser/Leimtigl vnd Schüssel Ring/
Pippen/Laßköff/ vnd ander ding.

Der Nagler.

Ein Nagelschmid bin ich genannt/
Mach eysern Negel mit der Hand/
Allerley art auff meim Amboß/
Kurtz vnde Lang/Klein vnd auch Groß
Bühnnegel/Schloßnegel/darzu
Faßnegl/Schuchzweck/ich machen thu/
Halbnegel/pfeningnegel starck/
Find man bey mir/an offnem Marck.

Der Sensenschmidt.

Vil Sensen durch mich gschmidet sind/
Mit Häm̃erschlagen/schnell vñ schwind/
Die Dengel ich scharff vber dmaß/
Damit man Meht das grüne Graß/
Darauß denn wirt Grumaht vnd Heuw/
Auch mach ich Sichel mancherley/
Darmit man einschneid das Getreid/
Durch alte Weiber vnd Bauwrn Meid.

Der Blatner.

Gut Stehle Harnisch ich schlagē kan/
Beyde für Roß vnd auch für Mann/
Gantze Küriß vnd die Roßpar/
In die Schlacht/wol versorget gar/
Auch zun Thurnir/Stechn vnd Rennen/
Sonst allr art/wie mans mag nennen/
Für den Gmein hauffen/schlecht gemacht/
Das habn die Spartaner auff bracht.

Der Schmidt.

Ich Huff schmidt kā die pferd beschlagn/
Darzu die Räder/Karn vnd Wagn/
Schwäntzen vnd Lassen ich wol kan/
Den Pferden/die auch Schäden han/
Ich kan heyln/Retzen vnd Reiden/
Den Feyfel vnd die Angstel schneidn/
Zu den Ciclopen trag ich Gunst/
Die erfunden deß Schmidwercks Kunst.

Der Beckschlager.

Ein Beckschlager bin ich genannt/
Mein Beckn führt man in weite Land/
Allerley art/groß vnd auch klein/
Von gutem Messing gschlagen rein/
Gestempfft mit bildwerck/gwechß vñ blū/
Einstheils jr Spigel glatt auff kum/
Wie groß Herrn vnd Balbierer han/
Auch gring/für den gemeinen Mann.

Der Schellenmacher.

Ich aber bin ein Schellenmachr/
Zu Preng vnd Narrnweiß ein vrsachr/
Mach Zimbel Schellen/groß vnd klein/
Zum Schlittenzeug/sauber vnd rein/
Auch wol gestimbt auff die Stech Bahn/
Darzu Schelln für den Prittschenmann/
Auch Schellen an die Narren Kappn/
Darmits zu Faßnacht vmbher sappn.

Der Kandelgiesser.

Das Zin mach ich im Feuwer fließn/
Thu darnach in die Mödel gießn/
Kandel/Flaschen/groß vnd auch klein/
Darauß zu trincken Bier vnd Wein/
Schüssel/Blatten/Täller/der maß/
Schenck Kandel/Saltzfaß vnd Gießfaß/
Ohlbüchßn/Leuchter vnd Schüsselring/
Vnd sonst ins Hauß fast nütze ding.

Der Nadler.

Ich mach Nadel auß Eysendrat
Schneid die leng jeder gattung glatt/
Darnach ichs feyl/mach öhr vnd spitzn/
Alßdann hert ichs ins Feuwers hitzn/
Darnach sind sie feil/zu verkauffn/
Die Krämer holen sie mit hauffn/
Auch grobe Nadel nemen hin/
Die Ballenbinder vnd Beuwrin.

Der Pantzermacher.

Ich bin ein Pantzermacher frembd/
Ich mach die Stählen Pantzerhembd/
Auch Pantzer Ermel vnd Pantzerstrich/
Die man tregt/offen vnd heimlich/
Auch von Pantzer gut Stählen Krägn/
Ich kan auch Pantzer rolln vnd fegn/
Wo sie mit Rost anlauffen thon/
Midias Pantzermachn fieng an.

Der Pogner.

Gut Armbroster kan machen ich/
Die Seulen zier ich fleissiglich/
Mit gwechs/schneweissem bein durchzogn/
Mit Hürnen oder Sthälen pogn/
Darauff windfadn vnd ein Sännen/
Die nicht leichtlich ist zutrennen/
Darmit man gwiß zum Ziel mag schießn/
Der Kunst Syrus wir mit genießn.

Der Wägleinmacher.

Ich mach die Wag/groß vnde klein/
Mit allerley Gwicht in gemein/
Die behenck ich mit Messingschaln/
Wo man mirs anderß thut bezaln/
Mach auch in die Lädlein Goltwag/
Nach den haben die Kauffleut frag/
Darzu ander Würtzwäglein gut/
Die man in Krämen brauchen thut.

Der Laternmacher.

Ich mach die groß künstlich Latern/
In Kirchen leuchtend klar Lucern/
Mach auch die blind Latern / gestaucht/
Die man in dem FeltLäger braucht/
Schön Liechtkolben ich auch bereit/
Bey Nacht / zu Gastung vnd Hochzeit/
Darzu Latern groß vnde klein/
So man zu Nacht braucht / in Gemein.

Der Sattler.

Wolher/wer Sättel hab zumachn/
Den Edlen/vnd zu Reysing sachn/
Schön Sättl für das Frauwenzimmer/
Darauff sie Höflich prangn jmmer/
Auch Stächsättel/ vnd zum Thurnier/
Allerley art findt jr bey mir/
Auch Sättel für Bauwrn vnd Fuhrleut/
Gut Roß Kummaht ich auch anbeut.

Der Hafner.

Den Leymen tritt ich mit meim Fuß
Mit Har gemischt/ darnach ich muß
Ein klumpen werffen auff die Scheiben
Die muß ich mit den Füssen treiben/
Mach Krüg/Häffen/Kachel vñ Scherbē
Thu sie denn glassurn vnd ferben/
Darnach brenn ich sie in dem Feuwer/
Corebus gab die Kunst zu steuwer.

Der Spiegler.

Ich mach das helle Spiegelglaß/
Mit Bley ichs vnderziehen laß/
Vnd drehe darnach die Hültzen Scheibn/
Darinn die Spiegelgläßer bleibn/
Die Mal ich denn mit Farben frey/
Feuwer Spiegel mach ich darbey/
Darinn das Angsicht groß erschein/
Daß mans sicht eigentlich vnd fein.

Der Schleyffer.

Ich schleiff sehr scharff auff meim schleyff stein
Messerklingē/mittl/groß vnd klein/
Feyln/Schlösser/bender allewegn/
Helleparten/Dolch / Schwert vnd Degn/
Allen Harnisch zu Fuß vnd Roß/
Halb vnd gantz Hacken/ zum geschoß
Reit Hāmer/Partisan/ich zier/
Auch auff der Scheiben ich palier.

Der Steynmetz.

Ich bin ein Steinmetz lange zeit/
Mit stangn/Winckelmäß vñ Richtscheit/
Ich auffricht Steinheuser wolbsinn/
Mit Keller/gewelb/Bad vnd Brünn/
Mit Gibelmauwrn von Quaderstein/
Auch Schlösser vnd Thürnen ich meyn/
Setz ich auff festen starcken grundt/
Cadmus erstlich die Kunst erfund.

Der Ziegler.

Ein Ziegler thut man mich nennen/
Auß Lättn kan ich Ziegel brennen/
Gelatt vnd hell / Kälend darbey/
Daschen Ziegl / auch sonst mancherley/
Damit man deckt die Heusser obn/
Für Regen/Schnee vnd Windes thobn/
Auch für der heyssen Sonnen schein/
Cynira erfund die Kunst allein.

Der Zimmermann.

Ich Zim̃ermann / mach starck gebeuw/
In Schlösser/Heusser/alt vnd neuw/
Ich mach auch mancherley Mülwerck/
Auch Windmüln oben auff die Berg/
Vber die Wasser starcke Brückn/
Auch Schiff vnd Flöß/von freyen stückn/
Blochheusser zu der gegenwehr/
Dedalus gab mir diese Lehr.

Der Schreiner.

Ich bin ein Schreinr von Nürenberg/
Von Flader mach ich schön Teflwerck/
Verschrottn/vnd versetzt mit zier/
Leisten vnd Sims auff Welsch monier/
Thruhen/Schubladn/Gwandbehalter/
Tisch/Bettstat/Brettspiel Gießkalter/
Gefirneust / köstlich oder schlecht/
Eim jeden vmb sein pfenning recht.

Der Wagner.

Ich mach Räder/Wägen vnd Kärrn/
Roll vnd Reyßwägen / für groß Herrn/
Kammerwägen / den Frauwen klug/
Auch mach ich dem Bauwren den Pflug/
Vnd darzu auch Schleyfen vnd Egn/
Thus als mit gutem Holtz verlegn/
Ich arbeit hart bey meinen tagn/
Friges erfundn erstlich den Wagn.

Der Bütner.

Ich bin ein Bütner / vnd mach stoltz/
Auß Förhen / Tennen / Eichen Holtz/
Badwañ/Schmaltzkübl/scheffel vñ geltn/
Die Bütten vnd Weinfässer / weltn/
Bier Fässer machn / bichen vnd binden/
Waschzübr thut man bey mir finden/
Auch mach ich Lägl / Fässer vnd Stübch/
Gen Franckfurt / Leipzig vnd Lübig.

Der Holtzdrechßler.

Ich dreh von Buchßbaum büchßlein
Zu kleinot vnd Edlem gestein/ (klein·
Auch Futteral/ zu Gülden Scheuwrn/
Predigstül / dran man sich kan steuwrn/
Köstlich Stolln / zu Tisch vnd Betten/
Hämmerstiel / so die Goldschmid hettn/
Auch für die Bauwrn Kugel vnd Kegl/
Wellen / vnd auch Steynmetz Schlegel.

Der Büchsenschäffter.

Die Eysern Rohr kan ich eynfaßn/
In Hültzen Schäfft / künstlicher maßn/
Mit verschrottem werck / sauber rein/
Mit eingelegtem Helffenbein/
Kurtz vnde lang / klein vnde groß/
Die man führet zu Fuß vnd Roß/
Wohin reyset ein ehrlich Mann/
Sich der Räuber auff halten kan.

Der Permennter.

Ich kauff Schaffell/Böck/vñ die Geiß/
Die Fell leg ich denn in die beyß/
Darnach firm ich sie sauber rein/
Spann auff die Ram jeds Fell allein/
Schabs darnach/mach Permennt darauß/
Mit grosser arbeit in mein Hauß/
Auß ohrn vnd klauwen seud ich Leim/
Das alles verkauff ich daheim.

Der Sieber.

Ich muß am tag viel Höltzer kliebn/
Zu dünnen Spänen zu den Siebn/
Vnd zu zargen oben herumb/
Der Sieb mach ich ein grosse Summ/
In die Mülen / auch zu den Beckn/
Das Mehl zuscheyden in den seckn/
Mach auch Würtz Sieblein in die Kräm/
Grob Rätten ich den Bauwren nem.

Der Seyler.

Ich bin ein Seyler / der zum theil/
Kan machen die langen Schiff Seyl/
Auch Seyl zum bauw / dran man allein
Auffziech Mörder / Zim̃erholtz vñ Stein/
Ich kan auch machen Garn vnd Netz/
Zur Jägerey vnd zu der Hetz/
Darzu auch Fisch Netz / groß vnd klein/
Sonst auch allerley Strick gemein.

Der Fischer.

Ich fach gute Fisch ohn mangel/
Mit der Setz/Reußen/vnd dem Angl/
Grundel/Sengel/Erlen vnd Kressn/
Forhen/Esch/Ruppen/ Hecht vnd Pressn/
Barben / Karpffen / thu ich behaltn/
Orphen / Neunaugen/ Ehl vnd Altn/
Kugelhaupt / Nasen / Hausn vnd Huchn/
Krebs mag man auch bey mir suchen.

Der Olmacher.

Mancherley öl ich zubereit
Zu essen vnd zu Artzeney allzeit/
Als Baumöl / Nußöl vnd Pinöl
Loröl/ Hanfföl / Leinöl / da soll
Ich die Beer samlen vnvergessen
Zermalmen / vnd darnach außpressen/
Darmit das öl ich darauß bring/
Minerua erfund diese ding.

Der Rebmann.

Ich bin ein Häcker im Weinberg
Im Früling hab ich harte werck/
Mit graben/ pältzen vnd mit hauwen/
Mit Pfä!stossn/ pflantzen vnd bauwen/
Mit auffbinden vnd schneiden die Reben/
Biß im Herbst die Traubn Wein geben:
Den man schneidt vnd außpreßt deñ fein
Noa erfand erstlich den Wein.

Dratzieher.

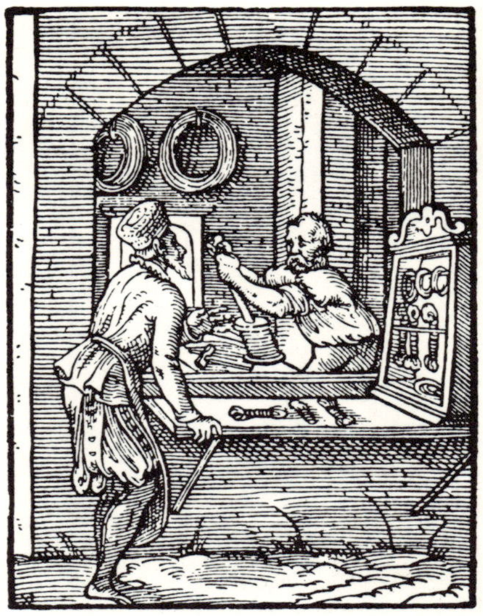

Den Drat/Kupffer vnd Messing rein/
Zeuch ich auff meiner Scheiben klein/
Mach Röllen Drat/Zin jn vnd Wid/
Vnd Dratbürsten für die Goldschmidt/
Auch kommn meiner quintsaiten sum̃
Herrlich auff das Claucordium/
Auß kleinem Drat man an viel orten
Macht Hutschnür vñ gedrungen Borten.

Der Hefftelmacher.

Ich mach Steckhefft auß Messing drat/
Fein außgebutzt/rund/sauber/ glatt/
Mit runden Knöpfflein gut vnd scharpff/
Aller art wie man der bedarff/
Auch mach ich Hackn vnd schleifflein gut
Gschwertzt vnd geziert/darmit man thut
Sich eynbrüsten Weib vnd auch Mann/
Daß die Kleider glatt ligen an.

Der Lautenmacher.

Gut Lauten hab ich lang gemacht
Auß Tännenholtz/gut vnd geschlacht/
Erstlich vber die Form gebogn/
Darnach mit Saiten vberzogn/
Vnd angestimmt mit süssem Klang/
Eben gleich figuriertem Gsang/
Gefürnißt Kragen/Bodn vnd Stern/
Auch mach ich Geigen vnd Quintern.

Der Teppichmacher.

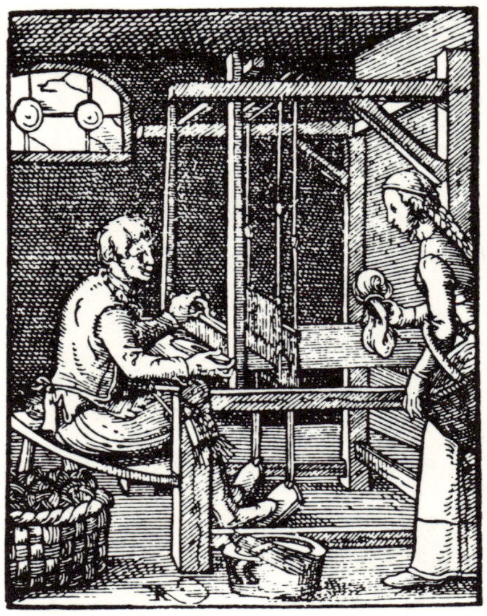

Ich mach der Teppich mancherley/
Köstlich/ mittel / vnd rein darbey/
Auß wüllem Garn vber Bett vnd Tisch/
Von farben schön/tunckel vnd frisch/
Mit Bildung/ gwächß vñ schön blumen/
Die in Egypten seind auff kummn/
Vor vil jaren vnd langer zeit/
Der jetzt auch vil das Teutschland geit.

Der Bergknapp.

Ich treib alles Ertz Knappenwerck/
Im Thal vnd auff Sanct Annen Berg/
Mit den Steigern/Knappen vnd Bubn
In Stollen/Schacht vnd den Ertzgrubn/
Mit graben/zimmern/böltzn vnd bauwn/
Mit eynfahren/ brechen vnd hauwn/
Wird ich fündig vnd Silber bring/
So ist der Bergherr guter ding.

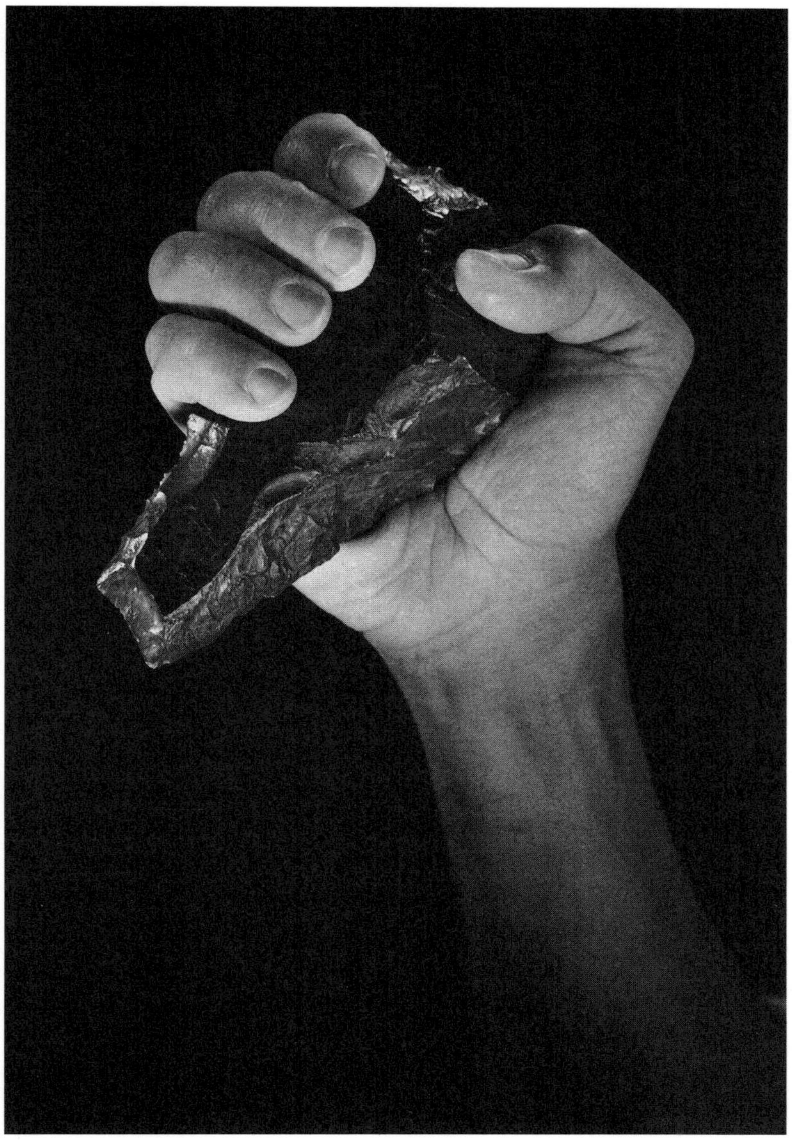

Friederike Stadlmann

Mensch und Arbeit

Mit dem aufrechten Gang entwickelte der Urahn des Menschen zwei spezifische Eigenschaften, die ihn grundlegend von anderen Lebewesen unterscheiden: eine Vergrößerung des Hirnschädels und den Gebrauch der Hände, die nun für die Fortbewegung überflüssig wurden. Mit dem Freiwerden der Hände kam es zum häufigen, zunächst wohl spontanen, später überlegten und geplanten Gebrauch von Werkzeugen und in weiterer Folge zu deren Erzeugung.

In dem Maße, in dem der Mensch diese Werkzeuge überlegt, auch für den nicht unmittelbaren Gebrauch, herzustellen begann, wurde er nicht nur zum *homo sapiens,* dem vernünftigen, denkenden Menschen, sondern auch zum *homo faber,* dem kunstfertigen Menschen.

Am Anfang der Menschwerdung stand der Gebrauch der Hände neben dem des Gehirns.

»Was die Verfeinerung des Gehirns betrifft und das Freiwerden der Hände für andere Tätigkeiten als die der Fortbewegung, so können wir vermuten, daß die Entwicklung von Hand und Hirn gleichzeitig vor sich ging und auf jeder Stufe ein Wechselspiel stattfand, das die weitere Evolution des einen wie des anderen förderte. Die volle Entwicklung dieser beiden aufeinander wirkenden Organe ergab, wie wir gleichfalls vermuten dürfen, die anatomische Voraussetzung für das Erwachen des Menschen zum Bewußtsein«, schrieb der Historiker Arnold Toynbee in seinem letzten, erst nach seinem Tod veröffentlichten großen Geschichtswerk *Menschheit und Mutter Erde.*

Aus dem Zusammenspiel zwischen Handgeschicklichkeit und Denken entwickelte sich aber nicht nur der Mensch, sondern auch eines seiner Charakteristika, die Arbeit.

Der Übergang von der reinen Selbsterhaltung durch Nahrungssuche, wie sie noch für die Gesellschaft der nomadisierenden Wildbeuter- und Sammlerhorden in der frühesten Zeit menschlicher Entwicklung kennzeichnend war, zur Gesellschaft der Jäger und schließlich zur Entwicklung der Kulturtechniken Ackerbau und Viehzucht, stand am Anfang dieser Entwicklung.

Als die Kulturtechniken soweit beherrscht wurden, daß die Erträge der Landbebauung und der Viehzucht über das hinausgingen, was der einzelne zum Leben brauchte, war die Zeit reif für die Entstehung von städtischen Lebensformen und von Spezialisten, die aus dem agrarischen Überschuß ernährt werden konnten und ihrerseits ihre Dienstleistungen und Erzeugnisse zur Verfügung stellten. Was ursprünglich jeder für sich selbst besorgt hatte – die Bestellung der Felder und die Zucht von Tieren ebenso wie die Herstellung von Tongeschirr und Werkzeugen aus Stein, Kupfer und Bronze, später aus Eisen –, wurde nun von Fachleuten übernommen, wodurch sich die Entwicklung der verschiedenen Techniken auf allen Gebieten in der Folge wesentlich rascher vollzog als in den Jahrtausenden zuvor.

Werkstoff Metall

Vor allem die Fortschritte auf dem Gebiet der Metallbearbeitung leiteten eine neue Epoche ein.

Hatten die Menschen Metallbrocken zunächst nur wie andere Steine durch Hämmern und Schleifen bearbeitet, wenn sie zufällig darauf stießen, so entdeckten sie bald, daß dieses Material wesentlich besser zu bearbeiten war als selbst der Feuerstein, der relativ weich aus der Erde gegraben wird und erst an der Luft nachhärtet.

Mit der Erkenntnis, daß Metall durch Wärme noch leichter formbar wird, ging es wieder einen Schritt weiter. Die nächsten Errungenschaften waren dann das Schmelzen und Gießen von Metallen sowie die Suche nach Metall in der Erde, also der Abbau im Tag- und Bergwerk.

Es waren zunächst Kupfer, später Bronze, die verarbeitet wurden, während Eisen so selten war, daß es hauptsächlich als Schmuck und für Kultgegenstände Verwendung fand. Einer der Gründe dafür war wohl auch, daß meist nur Meteoriteisen gefunden wurde, das vom Himmel gefallen war.

Schriftliche Zeugnisse über eine organisierte Form der Metallbearbeitung gibt es bereits aus dem Jahre 1700 vor unserer Zeitrechnung. Damals forderte Hammurabi, König von Babylon, in einem Sendschreiben dringend grünes Holz an, damit »die qurqurru nicht unbeschäftigt bleiben«.

Die »qurqurru« waren Babyloniens Hüttenarbeiter, die aus dem grünen Holz zunächst Holzkohle herstellten, mit der sich höhere Temperaturen als mit Holz selbst erreichen ließen, was für das Schmelzen von Metallen natürlich ein Vorteil war.

Die neue, kompliziertere städtische Lebensform bedingte die Entstehung weiterer Spezialisten. Das galt für die Verwaltung der nun entstehenden Staaten ebenso wie für den Handel. Ein Text des Königs Hammurabi, der bereits zitiert wurde, umreißt die Aufgaben der Staatsverwaltung: »Zu jener Zeit riefen Anu und Bel mich, Hammurabi, den gepriesenen Fürsten, den Verehrer der Götter, Gerechtigkeit im Lande walten zu lassen, den Ruchlosen und Bösen zu vernichten, die Unterdrückung des Schwachen durch den Starken zu verhindern, das Land zu belehren und den Wohlstand des Volkes zu fördern.«

Daß der neu entstehende Priester- und Beamtenstand dabei auf Kontrolle nicht verzichten konnte, beweist ein Text, der noch um einiges älter ist: König Urukagina von Lagasch, einer sumerischen Stadt, verbot darin vor etwa 5000 Jahren den Priestern und hohen Beamten, das den Göttern geopferte Vieh untereinander zu teilen und »den Garten einer armen Mutter aufzusuchen und Holz dort zu nehmen noch Steuern von den Früchten zu erheben«.

Der Staat

In Ägypten erteilte der Pharao dem Wesir, der an der Spitze der Verwaltung stand, folgende Weisungen: »Nimm dich des Wesir-Amts an; hab acht auf alles, was dieses Amt tut. Siehe, es ist die wohlerrichtete Stütze des ganzen Landes; das Wesirat ist nicht süß, es ist bitter. Das Wesirat soll Prinzen und Würdenträger nicht begünstigen; es soll niemanden sich zu Sklaven machen.
Wenn ein Bittsteller kommt von Ober- oder Unterägypten, dann sieh zu, daß alles dem Gesetz gemäß geschieht, alles nach Sitte und Brauch, daß jedermann sein Recht empfängt. Gott verabscheut den, der Parteilichkeit zeigt. Behandle den Unbekannten in gleicher Weise wie den dir Bekannten, und den, der dem König nahesteht, in gleicher Weise wie den, der fern vom königlichen Haus lebt.«

Freilich bezogen so weise, menschliche und seltsam modern anmutende Regeln sich in der gesamten alten Welt, ja eigentlich bis herauf in die jüngste Vergangenheit, immer nur auf einen Kreis Auserwählter. Ägyptische Bauern erlebten eine Realität, die mit diesen schönen Worten wenig zu tun hatte: »Denkst du nicht, wie es dem Ackersmann ergeht, wenn man die Steuer von seiner Ernte fordert? Der Wurm hat die Hälfte des Korns geholt, und das Nilpferd hat das andere gefressen, der Mäuse sind viele auf dem Felde, und die Heuschrecke ist eingefallen, das Vieh frißt und die Sperlinge stehlen – wehe über den Bauern! Dem Überrest, der auf der Tenne liegt, machen die Diebe ein Ende. Das Gespann stirbt beim Dreschen und Pflügen. Der Schreiber landet am Damm und will die Ernte aufschreiben, seine Wächter haben Stöcke und die Neger, die ihn begleiten, Palmruten. Sie sagen: ‚Gib Korn her!' – ‚Es ist keines da.' Sie schlagen den Bauern lang ausgestreckt, er wird gebunden und in den Graben geworfen.«

Und auch in ägyptischen Bergwerken war das Los der Arbeiter weit entfernt von Gerechtigkeit und Menschlichkeit: »Die Könige von Ägypten schicken nämlich in die Goldbergwerke die verurteilten Verbrecher und die Kriegsgefangenen, auch Leute, die man auf falsche Anklagen hin verdammt oder in der Hitze der Leidenschaft verhaftet hat. Durch diese Strafe, die manchmal nicht nur die schuldig Befundenen selbst, sondern mit ihnen ihre sämtlichen Verwandten trifft, verschaffen sie sich also zugleich die zur Erhebung ihrer Schätze nötigen Arbeiter. Man kann diese Unglücklichen, die nicht einmal ihre Körper reinlich halten noch ihre Blöße bedecken können, nicht ansehen, ohne ihr jammervolles Schicksal zu beklagen. Denn da findet keine Nachsicht und keine Schonung statt für Kranke, für Gebrechliche, für Greise, für weibliche Schwachheit. Alle müssen, durch Schläge gezwungen, fortarbeiten, bis der Tod ihren Qualen und ihrer Not ein Ende macht.«

Besser ging es dem freien Arbeiterstand, bei dem jedes Gewerbe eine eigene Kaste bildete und man vom Sohn erwartete, daß er den väterlichen Beruf ergriff. Den ägyptischen Arbeitern war es bei Strafe untersagt, sich in die Staatsgeschäfte einzumischen, doch gab es bereits Streiks, wenn etwa der Lohn überfällig war. Das war zweifelsohne auch eine Folge der Großbauten, der Pyramiden, die eine Zusammenballung vieler Arbeiter an einem Ort bedingten und damit eine Grundvoraussetzung für erfolgreiche Solidarisierung schufen. An einer der Pyramiden sind die Kosten für das Essen der Bauarbeiter notiert: Rettich, Knoblauch und Zwiebeln im Wert von 16 Millionen Dollar. Eine Kreidetafel im Britischen Museum trägt die Aufzeichnungen eines ägyptischen Baupoliers. Krankenstände seines Bautrupps sind darauf ebenso vermerkt wie die Teilnahme an religiösen Handlungen.

Großbauten

Großbauten waren im Altertum gar nicht so selten. Der biblische König Salomo beschäftigte bei seinem Tempelbau 150.000 Menschen sieben Jahre lang und baute anschließend fast doppelt so lang an seinem Haremspalast. Vielleicht glich dieser dem des Königs Assurbanipal von Assur, von dem es eine detaillierte Baubeschreibung gibt, die auf eine ganze Anzahl daran beteiligter Spezialisten schließen läßt: »Ich richtete ein Gebäude auf, dessen Ausdehnung 50 Tibki betrug. Ich legte eine Terrasse an; aber ich war in Furcht vor den Tempeln der großen Götter, meiner Herren, und daher baute ich das Ganze nicht sehr hoch. In einem guten Monat, an einem günstigen Tag, setzte ich die Grundsteine auf jener Terrasse und begann die Ziegel zu legen. Ich ließ die Könige von Arabien, die ich in der Schlacht mit meinen eigenen Händen lebend gefangengenommen, Körbe tragen und Arbeiterkappen. Sie verbrachten ihre Tage, um Ziegel zu formen, und leisteten Zwangsarbeit. Mit Freude und Frohlocken baute ich den Harem von den Grundsteinen bis zu seinem Dache. Ich legte darauf lange Zedernbalken. Ich bedeckte mit Kupfer die angenehm riechenden Türen aus Liaru-Holz und hing sie in ihre Rahmen.«

Nach dem Ende von Salomos Tempel- und Haremsbau hatte Jerusalem allerdings, was es vorher nicht besessen hatte: ein großstädtisches Proletariat, dessen Schicksal Armut und Arbeitslosigkeit war, während als Folge der wachsenden Handelsbeziehungen einige wenige reich wurden. Das war die Zeit, in der Propheten auftraten, die sich der Armen annahmen, die da gewissenlos ausgebeutet wurden.

»Und der Herr geht ins Gericht mit den Ältesten seines Volkes und mit seinen Fürsten: Denn ihr habt den Weinberg verderbt, und der Raub von den Armen ist in eurem Hause. Warum zertretet ihr mein Volk und zerschlagt die Person der Elenden! Weh denen, die ein Haus an das andere ziehen und einen Acker zum anderen bringen, bis daß kein Raum mehr da sei, daß sie allein das Land besitzen. Weh den Schriftgelehrten, die unrechte Gesetze machen und die unrechtes Urteil schreiben, daß sie die Sache der Armen beugen und Gewalt üben am Rechte der Elenden unter meinem Volke, daß die Witwen ihr Raub und die Waisen ihre Beute sein müssen.« So sprach der Prophet Jesaja.

Mit Schecks und Zinsen

Der Handel bediente sich schon recht moderner Methoden: Ein babylonischer Kaufmann bezahlte nach erhaltenen Zeugnissen einen Teil des Preises für seine Schwiegertochter bereits bargeldlos mit Verrechnungsschecks. In Sumer konnte man Gold, Silber und Getreide ausleihen und mußte sie dann mit Zinsen in gleicher »Währung« zurückzahlen. Eine der ältesten Währungen waren Kühe, Homer spricht von den »ochseneintragenden Jungfrauen« und meint damit die Sitte des Brautkaufes, die den Eltern eben Geld in Form von Ochsen brachte. Das älteste griechische Wort für Geld bedeutet auch Rind, das lateinische »pecunia« kommt von pecus = Vieh, und auch das deutsche Wort »Schatz« stammt von einer altfriesischen Bezeichnung für Vieh.

Griechen und Karthager waren, nach den Phöniziern, die wichtigsten Kaufleute des Altertums. Sie durchfuhren bereits die Meerenge von Gibraltar, erreichten im Norden Britannien und fuhren die Küste Afrikas entlang etwa 4000 Kilometer weit nach Süden. Neben einer Münzwährung kannten die Karthager bereits geprägte Lederstreifen als Zahlungsmittel, Vorläufer des Papiergeldes.

Die Zurückdrängung der bäuerlichen Lebensform, der Handel und die Bereicherung weniger auf Kosten der großen Mehrheit führte in fast allen Kulturen zu sozialen Spannungen. In Griechenland führte sie zur Versklavung – der Schuldknechtsschaft – der ehemals freien Bauern, über die Aristoteles berichtet: »Fast das Ganze war in wenigen Händen, und wenn die Pächter nicht ihre Zahlung leisteten, so wurden sie und ihre Kinder in die Schuldknechtschaft geführt. Für Anleihen verpfändete man bis auf Solon regelmäßig seine Person.« Solon, der große attische Reformer, löste das Problem mit seinem Gesetz der Lastenabschüttelung, das alle Schulden erließ, und kaufte die in Schuldknechtschaft geratenen Bürger wieder los. Freilich betrafen seine Reformen nicht alle Sklaven Athens, sondern nur die Bürger des Stadtstaates.

Sklavenwirtschaft

Sklaverei stellte nach der Auffassung der antiken Welt eine Notwendigkeit dar, und selbst manche Philosophen teilten diese Ansicht. Die manuelle Arbeit, die zum Funktionieren der hochentwickelten griechischen Zivilisation notwendig war, galt als eines Freien nicht würdig. Der Historiker Xenophon faßt diese Ansicht so zusammen: »Die sogenannten handwerklichen Beschäftigungen sind verschrieen und werden aus Staatsinteresse mit Recht sehr verachtet. Sie schwächen nämlich den Körper des Arbeiters, da sie ihn zu einer sitzenden Lebensweise und zum Stubenhocken zwingen oder sogar dazu, den Tag am Feuer zuzubringen. Wenn aber der Körper verweichlicht wird, leidet auch die Seele . . . Auch halten diese sogenannten spießbürgerlichen Beschäftigungen am meisten davon ab, sich um Freunde und um den Staat zu kümmern. Daher sind solche Leute ungeeignet für den Verkehr mit Freunden und die Verteidigung des Vaterlandes.«

Zur Zeit der Volkszählung des Demetrios Phalerus im Jahre 317 vor unserer Zeitrechnung gab es in Athen 21.000 Bürger, aber 400.000 Sklaven.

Freie Handwerker hielten sich in Facharbeiterberufen, das Handwerk wurde vom Vater an den Sohn und auch an Lehrlinge weitergegeben. Die freien Handwerker organisierten sich bereits in Bünden, *eranoi* oder *thiasoi* genannt, die Versammlungen abhielten, kranke Mitglieder unterstützten und bei gemeinsamen Festen und Spielen eine Schutzgottheit verehrten.

Fast ausnahmslos Sklaven – Kriegsgefangene, verurteilte Verbrecher und andere – ruderten die Galeeren des Altertums und arbeiteten in den Bergwerken. In der Silbermine Athens in den laurischen Bergen arbeiteten 20.000 Sklaven. Es gab zehnstündige Schichten rund um die Uhr. Wer floh und wieder eingefangen wurde, mußte in Ketten weiterarbeiten und wurde gebrandmarkt. Die Peitsche hielt den Arbeitseifer wach. Man arbeitete in Gängen, die einen Meter hoch und dreiviertel Meter breit waren, mit Hammer und Meißel. Andere Sklaven zerstampften das geförderte Metall in Mörsern, es wurde zermahlen, gesiebt, gewaschen und mechanisch sortiert. Dann wurde es in bereits mit Blasbälgen ausgestatteten Schmelzöfen erhitzt und vom Blei geschieden, indem man das geschmolzene Metall in porösen Tiegeln erhitzte und an die Luft brachte. Attisches Silber besaß 98prozentige Reinheit.

In Italien hatten die Römer neben anderem kulturellen Erbe auch die Kunst der Metallbearbeitung von den norditalienischen Etruskern übernommen, die Kupfer und Eisen an der Westküste Italiens und auf der Insel Elba abbauten beziehungsweise aus dem nördlichen Europa einführten. Sie waren führend auf dem Gebiet des Bronzegießens und gaben auch ihre Kenntnisse auf den Gebieten des Straßen- und Brückenbauwesens, des Kanalisations- und Wasserleitungsbaus an die Römer weiter. Die Metallverarbeitung erreichte in römischer Zeit, vor allem im Süden Italiens, in Capua, eine industrielle Stufe, hier führten Arbeiter in großer Zahl ihre Arbeit bereits in einer fremdfinanzierten Metallindustrie aus.

In solchen Großbetrieben arbeiteten, wie auch in der Landwirtschaft, mit zunehmender Ausdehnung des Römerreichs Sklaven. Diese Entwicklung ergab sich aus dem zwangsläufigen Bankrott vieler Bauern, die infolge langanhaltender Kriege ihrer Arbeit nicht nachgehen konnten und schließlich als arbeitsloses, politisch mächtiges, wirtschaftlich aber ohnmächtiges Proletariat teils in der Stadt Rom lebten, teils zu Taglöhnern und später zu Pächtern auf den Latifundien der Großgrundbesitzer wurden. Die freien Handwerker hatten es, ebenso wie die Bauern, schwer, sich gegen die Konkurrenz der Sklavenwirtschaft zu behaupten. Deutlich wird das durch ein Geschäft, das der Zensor Cato, Verfechter einer rücksichtslosen Kriegspolitik gegen die zweite Weltmacht, Karthago, betrieb: Er kaufte billig junge Sklaven auf, ließ sie einen Beruf erlernen, und verkaufte sie teuer weiter.

Organisation und Belagerungszustand

Die freien Handwerker schlossen sich in sogenannten *collegiae* zusammen, die ihre Interessen vertreten sollten. *Collegiae* der Gold- und Kupferschmiede sowie der Zimmerleute sind bereits aus dem 7. Jahrhundert vor unserer Zeitrechnung bekannt. Fünfhundert Jahre später wird eine *collegia* der Bauarbeiter erwähnt, die aber vermutlich ebenso alt war wie die vorher genannten.

Diese Vorläufer von Zünften und Gewerkschaften nahmen bereits Einfluß auf das politische Leben, wie Inschriften auf Hausmauern zeigen: »Die Holzarbeiter und Holzkohlenverkäufer bitten euch, Marcellinus zu wählen«, steht auf einer Mauer in Pompeji.

In der römischen Kaiserzeit versuchten verschiedene Herrscher die Sklavenwirtschaft zugunsten freier Arbeiter zurückzudrängen. Auf dem Land lösten nach und nach Pächter, die Vorläufer der mittelalterlichen Leibeigenen, die Sklaven auf den riesigen Latifundien ab. Das geschah nicht aus Nächstenliebe, sondern einerseits, weil mit dem Ende der römischen Eroberungskriege Sklaven selten und teurer geworden waren, andererseits, weil Beaufsichtigung und Niederhaltung der Sklaven auf entlegenen Gütern zu einem unlösbaren Problem wurden. Der Rückgang der Sklavenwirtschaft hatte auch zur Folge, daß viele der imponierenden technischen Leistungen des Römerreiches zu verfallen begannen. Straßen, Brücken, Wasserleitungen wurden nicht mehr ausreichend instand gehalten. In der Folge kam der Handel praktisch zum Erliegen, und das traf natürlich auch die Großbetriebe, die ihre Abnehmer verloren. Dafür entwickelten sich nahe den Landsitzen der Grundherren in Italien kleine gewerbliche Werkstätten, die für den örtlichen Bedarf produzierten.

Die Kaiser versuchten, Einfluß auf die Wirtschaft zu nehmen, indem sie Löhne und Preise regelten, wie Diokletian, der außerdem die Mitgliedschaft in den Berufsgenossenschaften zur Pflicht machte und jeden Arbeitsplatzwechsel an eine behördliche Genehmigung band: Sie wurde nur selten erteilt, mit der Begründung, daß das Reich von den Barbaren belagert werde und jeder an seinem Posten auszuharren habe.

Das Reich, das er so vor den Barbaren zu retten hoffte, konnten aber weder Diokletian noch seine Nachfolger vor dem Untergang bewahren. Es war dem Ansturm der Völkerwanderungszeit nicht gewachsen, in der viele zivilisatorische und kulturelle Errungenschaften vernichtet wurden.

Viele Arbeiten, die bereits von Spezialisten ausgeführt worden waren, wurden nun wieder auf die häusliche Stufe der Erzeugung zurückgeführt. Die Städte des weströmischen Reiches, vor allem außerhalb Italiens, verfielen – neue europäische Lebensform in dieser unruhigen Zeit war das Dorf rund um eine schützende Burg.

Müller und Schmied

Die Versorgung mit Lebensmitteln fiel zur Gänze auf die häusliche Stufe zurück, wenn man vom Beruf des Müllers absieht. Der enorme Kraft- und Arbeitsaufwand, den das Mahlen von Korn erforderte, führte dazu, daß Dörfer häufig im Umkreis von Wassermühlen errichtet wurden, die noch aus der Römerzeit stammten. Der Müller stand damit im Dienst des adeligen Grundherrn; alle Bauern waren gehalten, nur bei ihm Korn mahlen zu lassen, selbstverständlich gegen Bezahlung. Mittels eines Kerbholzes – zweier Holzscheiter, in die pro Mahleinheit eine Kerbe geschnitten wurde und von denen eines beim Müller, eines beim Bauern blieb – konnte jederzeit festgestellt werden, was »einer auf dem Kerbholz« hatte.

Ein anderer Spezialistenberuf, der sich erhielt, war der des Schmiedes. Obwohl Metallgerät im bäuerlichen Haushalt ein seltener Luxus war – die eiserne Pflugschar setzte sich erst im elften Jahrhundert durch –, bot sich dem Schmied ein reiches Betätigungsfeld einerseits als Rüstungsschmied, andererseits, ab dem 9. Jahrhundert, als das Pferd sich infolge der Übernahme des Kummets als Geschirr von den berittenen Steppenvölkern als Zugtier gegenüber den Ochsen durchzusetzen begann, auch als Hufschmied. Zudem war die Metallbearbeitung ein Handwerk, das auch bei den germanischen Stämmen bereits hohes Ansehen und eine handwerkliche und künstlerische Stufe erreicht hatte, die seine Weiterentwicklung sicherte.

Kennzeichen der Wirtschaft der Völkerwanderungszeit und des frühen Mittelalters war die Tausch- oder Naturalwirtschaft. Infolge der Unsicherheit des Lebens – im Süden drohten Einfälle der Mauren und Sarazenen, im Norden der Wikinger oder Normannen, im Osten der Hunnen und Awaren – verdrängten die Rittergüter immer mehr die Güter der freien Bauern, wobei diese sich nicht immer freiwillig dem Schutz der Mächtigen unterstellten:

»Die Armen klagen, sie würden aus ihrem Eigentum vertrieben; und diese Klagen erheben sich gleichermaßen gegen Bischöfe, Äbte, deren Vögte, gegen Grafen und deren Amtmänner. Sie sagen nämlich, wenn jemand sein Eigen dem Bischof, Abt, Grafen, Richter oder Amtmann nicht geben will, suchen sie eine Gelegenheit, diesen Armen zu verurteilen oder ihn immer wieder gegen den Feind ziehen zu lassen, bis er, verarmt, wohl oder übel übergibt oder verkauft. Andere nämlich, die es bereits übergeben haben, bleiben ohne Belästigung durch irgendjemand zu Hause«, rügte Karl der Große.

Im 9. Jahrhundert waren in Europa jedenfalls bereits 90 Prozent der Bevölkerung Unfreie. Als Folge des allgemeinen Arbeitskräftemangels leisteten sie – neben Abgaben in Naturalien – auch Arbeitsdienste auf dem Gut des Feudalherrn. Mit dem Anwachsen der Bevölkerung Europas – sie zählte im Jahre 650 etwa 18 Millionen Menschen, im Jahre 1000 bereits mehr als doppelt soviel – ersetzten die Feudalherren die Dienste und Abgaben in Form von Naturalien und von Arbeitsleistungen gern durch Geldzahlungen. Das versetzte wieder die Bauern in die Lage, freier und gewinnorientierter als bisher zu produzieren und mit ihren Produkten zu handeln. Voraussetzung dafür waren die Nutzung von mehr Land für agrarische Zwecke – die Wälder Europas, die zu diesem Zeitpunkt noch den Großteil des Landes bedeckten, wurden gerodet und in Ackerland umgewandelt – sowie der Übergang von der Zweifelder- zur Dreifelderwirtschaft seit der Mitte des 8. Jahrhunderts, der sich allerdings auch im 13. Jahrhundert noch nicht restlos durchgesetzt hatte.

Händler und Jahrmärkte

Mehr Sicherheit auf den Landstraßen durch die Gottesfriedensbewegung der Kirche sowie durch Landfriedensordnungen rief einen Berufszweig wieder auf den Plan, der lange verschollen gewesen war: den Handel. Er verband die bisher wirtschaftlich autarken Güter und schuf eine

Nachfrage nach Luxusgütern, die nicht im Land produziert werden konnten, vor allem bei der feudalen Oberschicht.

Ein allgemein anerkanntes »Tauschmittel« wurde wieder notwendig und kam in Umlauf: das Geld.

Das Geld als Zahlungsmittel versetzte die Bauern in die Lage, ihre Erzeugnisse zu Preisen, die ihnen, zum Unterschied zu den Gebräuchen des Gutsherrn, nicht so leicht diktiert werden konnten, auf lokalen Märkten anzubieten und aus dem Verdienst ihre Arbeitsdienste an den Gutsherrn in Geld abzulösen. Dieser erhielt dadurch wieder das nötige Geld, um den Kaufleuten ihre Luxuswaren abzukaufen.

An den Plätzen ständiger Märkte entstanden in der Folge Städte, die zunehmend unabhängiger vom Grundherrn wurden.

Die bedeutendsten Zentren des Handels bildeten die Jahrmärkte, die etwa sieben Wochen dauerten, weil die oft sehr weite Anreise der Kaufleute sowie der Auf- und Abbau sich sonst kaum gelohnt hätten. Wichtigstes Messeland war die freie Grafschaft Champagne, wo innerhalb eines Jahres sechs Jahrmärkte stattfanden.

Als die Champagne französisches Hoheitsgebiet wurde, belegten die Könige die Jahrmärkte mit so hohen Steuern und Abgaben, daß sie ein Ende fanden.

Auch in anderen europäischen Ländern entstanden Handelszentren, wobei sich die Städte zur besseren Vertretung ihrer Interessen zu Bünden zusammenschlossen. Am bekanntesten ist die deutsche Hanse, die in Norddeutschland, Flandern und England vertreten war und im Süden bis nach Köln reichte. Hier begann das Einflußgebiet des Süddeutschen Bundes. Auch Wien war ein bedeutendes Handelszentrum und kontrollierte gemeinsam mit Regensburg den Handel donauabwärts bis nach Konstantinopel und Rußland, wo auch die Hanse wieder vertreten war. Der europäische Handel war – erstmals seit dem Zusammenbruch des Römerreiches – wieder international geworden, ein Umstand, zu dem auch die Kreuzzüge beitrugen, da sie nicht nur die geographischen Kenntnisse erweiterten, sondern auch einen Bedarf an orientalischen Waren, vor allem an Seide und Gewürzen, weckten.

Dieser europäische Handel rief eine Vielzahl von Folgeeinrichtungen hervor, von Banken und Versicherungen bis hin zu einem Konsularrecht, das aus der eigenen Gerichtsbarkeit der Handelsherren im Ausland entstand und eine der Grundlagen des Völkerrechts bildete.

Der Bedarf der Städte an Arbeitskräften war groß. »Stadtluft macht frei«, hieß es, denn der Leibeigene, der hier Zuflucht suchte und innerhalb einer bestimmten Frist nicht zurückgefordert wurde, war frei und Bürger. In den Jahren zwischen 800 und 1350 wuchs der Anteil der Stadtbevölkerung an der Gesamtbevölkerung von zwei auf zwölf Prozent an.

Stadtluft und Zunftleben

Zunächst beanspruchten die adeligen Grundherren, die Geschlechter, auch in den Städten die Macht. Mit wachsendem Wohlstand und wachsender wirtschaftlicher Macht ging auch die politische Macht auf die Zünfte der Kaufleute über, teils durch Kauf dieser Rechte und teils durch Kampf darum. Dabei wurden die aufstrebenden Städte vom Königtum als Gegengewicht zu den feudalen Landesherren oft unterstützt.

Die unbestreitbaren Vorteile der Kaufmannszünfte veranlaßten auch die städtischen Handwerker, sich ihrerseits in Handwerkerzünften zu organisieren. Die ältesten bekannten Zünfte im deutschen Sprachraum sind die Zunft der Fischhändler, die 1106 in Worms bezeugt ist, sowie die Würzburger Schuhmacherzunft von 1128. Eine Zunft der Weber in Mainz aus dem Jahre 1099 ist dagegen nicht eindeutig belegt.

Die Handwerkerzünfte entwickelten sich rasch weiter. Im Jahre 1254 gab es in Paris bereits 101 Zünfte, die im Gewerbebuch des Königs aufgezählt waren.

Die Arbeitsteilung und Spezialisierung hatten dabei offensichtlich bereits große Fortschritte gemacht, denn allein auf dem Gebiet der Lederverarbeitung waren bereits Kürschner, Gerber, Flickschuster, Harnischmacher, Sattler und Hersteller feiner Lederwaren tätig.

Auch die Zahl der anderen Handwerker nahm zu. Es gab in den Städten wieder Spezialisten der Lebensmittelherstellung – Bäcker und Bierbrauer, häufig auch als Doppelberuf, und Fleischhauer. Es gab eine Vielzahl von Metallberufen, wobei hier aus dem Handwerk eine große Zahl von Künstlern hervorging. Albrecht Dürer war ebenso gelernter Goldschmied wie Filippo Brunelleschi, Martin Schongauer und Sandro Botticelli. Das Bestreben der mittelalterlichen Handwerker, aus jedem Werkstück auch ein Kunstwerk zu machen, führte dazu, daß große Künstler dieser Epoche oft eigentlich Handwerker waren, die in ihrem Fach und darüber hinaus Großartiges schufen und die Grenzen, die spätere Zeiten zwischen diesem Können und der Kunst gezogen haben, noch nicht kannten.

Goldrausch

Aber nicht nur in der Qualität, auch in der Quantität erlebte die Verarbeitung von Metallen gegen Ende des Mittelalters und zu Beginn der Renaissance einen Höhepunkt. Äneas Silvius sah 1458 auf seiner Reise durch deutsche Städte mit Staunen, daß selbst in den Wirtshäusern Wein und Bier in silbernen und goldenen Bechern ausgeschenkt wurden.

Dies hing auch mit dem Bergbau zusammen, der im Mittelalter in Deutschland einen gewaltigen Aufschwung erlebte. Die Entdeckung reicher Kupfer-, Gold- und Silberminen im Erzgebirge führte im Jahre 1175 sogar zu einem regelrechten Goldrausch.

Auch die Kohle wurde wiederentdeckt. Die Arbeit im Bergwerk gewann an Bedeutung. Führend in der Metallverarbeitung blieb Deutschland, wo im 14. Jahrhundert erstmals der Hochofen eingeführt wurde, später auch der hydraulische Hammer und das Walzverfahren, das vor allem die Arbeit der Spengler entscheidend veränderte. Der Eisenguß hatte sein Zentrum in Nürnberg, wo Glocken und Kanonen gegossen wurden.

Hoch spezialisiert war auch der Sektor der Textilherstellung und -verarbeitung. Aus einer häuslichen Arbeit der Frauen für den eigenen Bedarf wurde die Weberei um das Jahr 1000 zur Männersache und zum Beruf. Frauen blieben in den Textilberufen allerdings noch lange Zeit vertreten. In England gab es sogar eine reine Frauenzunft, die der »Silkwomen«. Ab dem 13. Jahrhundert sind Schneider als Beruf vertreten, und 1377 bestimmten die Schneider in Frankfurt, daß auch Bürgerinnen zu denselben Bedingungen wie Bürger das Handwerk ausüben durften. Es gab weiblich orientierte Berufe, wie die Garnmacherinnen und Goldspinnerinnen und viele andere, in denen Frauen tätig waren. Sogar die Höchstzahlen der Lehrtöchter, die eine Meisterin beschäftigen durfte, wurde schon festgelegt. Im väterlichen Meisterbetrieb durften Frau und Töchter mitarbeiten »wie ein anderer Knappe auch«. Erst in den Zeiten wirtschaftlichen Niedergangs und erhöhten Konkurrenzkampfes kam es zur Stimmung gegen die Frauenarbeit im zünftlerischen Handwerk und zu deren Verbot.

Die Ansprüche an das Können der Meister und Meisterinnen waren hoch, die Lehrzeit war lang und betrug, regional und nach Berufen unterschiedlich, drei bis zwölf Jahre. Ausgebildete Facharbeiter, Gesellen oder Knechte genannt, gingen auf die Wanderschaft, die Walz, um ihr Können zu vervollkommnen.

Wer sich danach niederlassen wollte, um selbst Meister zu werden, mußte ein Meisterstück liefern. Tischler hatten zum Beispiel aus Kisten einen Tisch zu zimmern, Maurer mußten einen Rauchfang und ein Gewölbe bauen, Steinmetze »eine gewundene Schnecke in Gips oder Letten, einen Hausbau in die Visierung stellen und einen im verjüngten Maßstab zeichnen«.

Ein Schneider hatte im Jahre 1557 als Meisterstück Rock, Hose, Wams, Kappe und Klagemantel für einen adeligen Herrn zu fertigen, dazu Kleidungsstücke für einen Bauern und seine Frau, für verschiedene Bürger, und zuletzt noch einen langen Talar für einen Doktor.

Die Zünfte – eine Idylle?

Heiratete ein Meister, so war er verpflichtet, das vorher der Zunft anzuzeigen, denn diese hatte das Recht, Einwände gegen die Braut zu erheben, was auch oft genug geschah. Bei der Hochzeit begleiteten ihn die Zunftgenossen zur Kirche und erhielten dafür die Brautsuppe. Wurde ein lediger Meister zum Heiraten aufgefordert und kam dem nicht nach, so hatte er eine jährliche Buße, das Brömelbier, zu bezahlen, bis er verehelicht war.

Trotz solcher Eingriffe, die bis ins Privatleben gingen, lebte man in den etwa drei Jahrhunderten der Blüte des zünftlerischen Handwerks nicht schlecht innerhalb des Zunftsystems.

Die Zünfte sorgten für ihre Mitglieder, indem sie nicht nur die Zahl der Meister, die sich in der Stadt niederlassen durften, begrenzten, sondern auch die Zahl der Gesellen und Lehrlinge, die ein Meister beschäftigen durfte. Mehr als vier Gesellen zu halten, war nicht erlaubt; in der Regel waren es aber nur zwei oder drei, und Lehrling wurde immer nur je einer ausgebildet. Allenfalls durfte ein zweiter aufgenommen werden, wenn die Lehrzeit des ersten zu Ende ging. Kein Handwerker durfte eine Arbeit, die ein anderer Meister begonnen hatte, zu Ende führen. Günstige Möglichkeiten des Materialeinkaufs mußten allen Zunftgenossen mitgeteilt werden. Die Qualität der Ware wurde ebenso wie der Preis von den Zünften überprüft. Schlechte Waren, auf denen widerrechtlich – also ohne Kontrolle durch die Zunft – das Zunftzeichen angebracht wurde, zogen für den Erzeuger schwere Konsequenzen nach sich, wie zum Beispiel die Vertreibung eines Webers aus Brügge zeigt. Auch die Arbeitszeit war begrenzt, häufig auch durch das Verbot, bei Kunstlicht zu arbeiten. Das hatte einen durchaus praktischen Sinn, weil die Lichtquellen – Fackeln, Kerzen und anderes offenes Licht – zu zahlreichen Werkstattbränden führten und die meist stroh- und durch Holzschindeln gedeckten Hausdächer der mittelalterlichen Städte wie Zunder brannten.

Auch in sozialer Hinsicht boten die Zünfte eine Absicherung gegen verschiedene Schicksalsschläge: verarmte Mitglieder wurden unterstützt, ebenso Witwen und Waisen verstorbener Zunftmitglieder, den Töchtern wurde in solchen Fällen auch zu einer Mitgift verholfen.

Die Entstehung der Städte gab auch der Baukunst und den damit zusammenhängenden Gewerben enormen Auftrieb. Beim Hausbau arbeiteten Maurer, Tischler, Zimmerer, Glaser und Schlosser mit, verputzte Bauten wurden noch von Malern gestrichen. Seit dem 13. Jahrhundert wurden die Häuser auch mit Dachziegeln gedeckt, um Brandkatastrophen vorzubeugen. Die größten Bauvorhaben des Mittelalters waren die Kathedralen. Sie wurden von Baumeistern und Maurermeistern erbaut, die diese Bauwerke wahrscheinlich nicht nur entworfen, sondern auch selbst aktiv am Bau mitgearbeitet haben. Ihre Helfer waren Steinmetze und Maurer, Zimmerleute und andere Handwerker, aber auch ungelernte Arbeiter. Alle konnten, wenn es notwendig wurde, zur Zwangsarbeit verpflichtet werden. Die Arbeitszeit folgte der Jahreszeit: Im Sommer arbeitete man von kurz nach Sonnenaufgang bis kurz vor Sonnenuntergang, mit einer längeren Pause zu Mittag. Im Winter dauerte der Arbeitstag von Sonnenauf- bis Sonnenuntergang.

Auf diesen Großbaustellen wurden auch ausländische Arbeiter beschäftigt. Die Bauarbeiter der großen Bauhütten, in England »lodges« genannt, die es in ganz Westeuropa gab, nannten einander Brüder und waren innerhalb dieser Brüderschaften als *Parlierer* (Poliere), Gesellen und Meister organisiert. An der Spitze stand der Werkmeister. Oberhaupt aller Werkmeister wieder war der Werkmeister von Straßburg. Die Mitglieder der Brüderschaften erkannten einander am Gruß, konnten ihre Kenntnisse unentgeltlich an jeder Bauhütte erweitern, durften sie aber nie an Außenstehende weitergeben. Verstorbene Meister durften nicht geschmäht, Gesellen nur mit Zustimmung aller entlassen werden. Aus den Brüderschaften der Bauhütten entwickelten sich später die Freimaurer, aus den »lodges« die Logen.

Theoretisch war das Leben im zünftlerischen Handwerk eine Idylle, die am Schluß von vielleicht harten Lehr- und Gesellenjahren doch jedem einzelnen die Möglichkeit bot, sich als Meister in gesicherten Verhältnissen niederzulassen. Dennoch war die Praxis schon zur Blütezeit des zünftlerischen Handwerks oft anders. Immer wieder wird von Aufständen der »Knechte« gegen die Meister berichtet. In Rouen wurde im Jahre 1281 im Zuge eines Arbeitskampfes der Bürgermeister von erbitterten Textilarbeitern erschlagen.

Arbeitskämpfe

Solche Arbeitskämpfe waren Vorboten des 14. Jahrhunderts, in dem die Lage der Arbeiter im Handwerk sich grundsätzlich änderte. Eine wirtschaftliche Rezession, verbunden mit einem Rückgang der Landwirtschaft und der großen europäischen Pestepidemie führte zunächst zwar zu Lohnsteigerungen im Gewerbe und zu zahlreichen Versuchen, Höchstlohngrenzen mit Hilfe der staatlichen Obrigkeit durchzusetzen. In der Folge aber wurde der Markt kleiner und die Neigung der Zünfte, sich abzuschließen und die Zahl der gewerblichen Meister konstant zu halten, größer. In dem Maße, in dem die Söhne von Meistern bei der Niederlassung bevorzugt und ganze Bevölkerungsgruppen durch künstliche Sperren – wie zum Beispiel uneheliche Geburt, Umgang mit Angehörigen »unehrlicher Berufe« und ähnliches – vom Aufstieg zum Meister ausgeschlossen wurden, verschärfte sich auch der Arbeitskonflikt zwischen Meistern und Gesellen.

Im Jahre 1329 sperrten die Breslauer Gürtlermeister, die bestreikt wurden, ihre Gesellen mit Unterstützung des Stadtrates aus: »Im Jahr des Herrn 1329 am Tage der vier Gekrönten (4. November, Tag vierer Märtyrer) haben die Gürtler vor uns, den Ratsherren, erklärt, die Knechte ihres Gewerbes hätten untereinander eine Vereinbarung getroffen, daß keiner von ihnen innerhalb des Zeitraumes eines Jahres bei einem ihrer vorgenannten Meister des Gürtlerhandwerks dienen oder sich zum Dienst annehmen lassen sollte. Deshalb haben die vorgenannten Gürtler ihrerseits nach Beratung einstimmig unter sich die Vereinbarung getroffen und sich uns gegenüber in dem Sinne verbunden, daß, wer von ihnen innerhalb des Zeitraums desselben Jahres einen der vorgenannten Gesellen *(famulis)* in seine Familie oder in seinen Dienst aufnehmen würde, auf der Stelle eine Viertelmark Strafe zahlen müsse.«

Streiks

1351 streikten in Speyer die Webergesellen um höheren Lohn, 1385 wurde Streikenden in Danzig zur Strafe ein Ohr abgeschnitten. Im gleichen Jahr forderten die Weber in Konstanz höheren Lohn, Krankenunterstützung und die Einrichtung von Trinkstuben, also Versammlungsräumen, für die Gesellen, was der Rat der Stadt 1390 verbot.

Besonders scharf wurden Lohn- und Arbeitskämpfe in der Textilindustrie geführt, die bereits die gewerbliche Stufe verlassen und kapitalistische Züge angenommen hatte.

Diese Entwicklug begann in Italien, wo in Florenz im 14. Jahrhundert bereits 30.000 Personen in der Seidenindustrie beschäftigt waren. In mailändischen Seidenspinnereien arbeiteten 20.000 Arbeiter, in Bologna 4000 Spinnerinnen. Die Tätigkeit war bereits stark spezialisiert: 1407 ging ein in Florenz produziertes wollenes Kleidungsstück bereits durch dreißig Hände, bevor es fertig war, die meisten davon Facharbeiter, die in großen Werkstätten für Lohn arbeiteten.

Neben diesen Manufakturen gab es auch das Verlegersystem. Hier verteilte ein Unternehmer – Verleger – Rohmaterial an die einzelnen Arbeiterfamilien, die im Stücklohn die fertige Ware produzierten. In beiden Fällen verschlechterte sich die Arbeits- und Lohnsituation der Beschäftigten. In Florenz lebten die Wollweber unter dem Verlegersystem in drückender Armut. Sie erhielten von den Verlegern Vorschüsse, die abgearbeitet werden mußten, wobei der Verleger die Qualität der Arbeit bewertete und danach bezahlte. Eine Rückzahlung der Vorschüsse in barem Geld war ausgeschlossen. Für die Weber galt eine viermonatige Kündigungsfrist, der Verleger konnte sie jedoch jederzeit fristlos entlassen. Zudem wurde der Lohn an die Textilarbeiter in einer Art Sonderwährung ausbezahlt, in Silbergeld, das weniger wert war als der im Außenhandel verwendete Goldddukaten.

Entsprechend dieser Vorstufe der Industrialisierung, die im Textilbereich erreicht war, gärte es insbesondere in der Textilarbeiterschaft, und es kam auch gerade in diesem

Berufszweig in ganz Europa immer wieder zu Aufständen. In Florenz errichteten die Wollweber 1378 kurzfristig eine Diktatur der ärmsten Volksschichten, 1371 kam es in Siena zu einer Revolte, 1381 in England zum Weberaufstand unter Wat Tyler. Auch in der flämischen Textilindustrie, die ebenfalls hochentwickelt war, kam es zu Arbeiteraufständen. Etwa hundert Jahre später erreichte die Entwicklung auch Deutschland. Der Wunsch nach sozialen Reformen ging hier Hand in Hand mit dem nach religiöser Erneuerung. Religiöse Reformer, die nicht nur das Himmelreich, sondern auch eine gerechte Gesellschaftsordnung auf Erden errichten wollten, kamen oft genug aus dem Handwerk: Unzufriedene Weber aus Augsburg sympathisierten mit der Wiedertäuferbewegung, in den Niederlanden verkündeten der Gerber Melchior Hofmann und der Schneider Jan Bokelson ein soziales Evangelium.

Neue Zeiten

Religiöse und soziale Unruhen sowie kriegerische Auseinandersetzungen, die im Dreißigjährigen Krieg gipfelten, und Seuchen, wie Pest und Cholera, entvölkerten Europa und machten, zusammen mit den Entdeckungen und der Ausweitung des Handels, neue Produktionsformen nötig. Das zünftlerische Handwerk war schließlich in fast allen Berufszweigen den neuen Bedürfnissen nicht mehr gewachsen und führte einen Kampf auf verlorenem Posten, wenn es etwa neue Erfindungen zu unterdrücken suchte, die das Zeitalter der Industrialisierung bereits ankündigten: 1523 verbot der Rat der Stadt Thorn das »Erdenken, Erfinden oder Gebrauchen« von neuen Werkzeugen oder Produktionsmethoden, 1530 ließ der Magistrat der Stadt Danzig den Erfinder einer »Bandmühle« zum Weben von Schnüren und Bändern ertränken und die Erfindung verschwinden. Hundert Jahre später gab es in Holland Aufstände, als diese Bandmühle erneut auftauchte. 1578 ließ der Rat der Stadt Nürnberg eine Drehmühle zerschlagen, die ein Goldschmied für einen Drechsler gebaut hatte, und verbot ihm, eine neue zu bauen. 1685 verbot der Kaiser den Gebrauch von Bandmühlen für ganz Deutschland.

Dennoch war das Zeitalter der Erfindungen ebensowenig aufzuhalten wie das Zeitalter der Industrialisierung überhaupt. Zusammen mit der Kolonisierung der außereuropäischen Entdeckungen, dem Einströmen überseeischen Goldes nach Europa, dem Ruin heimischer Handwerksbetriebe, der Konzentration von Kapital in wenigen Händen und in der Folge auch der Konzentration der Arbeitskräfte wurde es zu einer der Grundlagen der industriellen Revolution.

Die negativen Begleiterscheinungen der Industrialisierung – Kinderarbeit, Hungerlöhne, überlange Arbeitszeit, Fehlen jeder sozialen Absicherung und Fortsetzung der wirtschaftlichen Ausbeutung und Unterdrückung im politischen Bereich – gab es auch bereits auf dieser vorindustriellen Stufe.

Ebenso kam es aber auch bereits zum Zusammenschluß größerer Gruppen von Arbeitern, die im gemeinsamen Arbeitskampf ihr Schicksal zu verbessern versuchten. Die Konzentration der Arbeitskräfte in der beginnenden kapitalistischen vorindustriellen Wirtschaft schuf bereits eine der Voraussetzungen für den späteren wirkungsvollen Solidarisierungsprozeß der Industriearbeiter.

Der Traum des Menschen, eine Zeitmaschine zu besteigen und damit wahlweise in die Zukunft vorauszureisen oder tief in die Vergangenheit zurückzukehren, geht zumindest in seinem zweiten Teil in Erfüllung: Was Denis Diderot in seiner 1751 erstmals erschienenen Enzyklopädie über Handel und Industrie minutiös in Stichen festhält, ist eine gewaltige Bestandsaufnahme des täglichen Lebens, der alltäglichen Arbeit im Frankreich des 18. Jahrhunderts.
Diderot (1713–1784) war Schriftsteller, mehr noch Propagandist der Aufklärung: Er war fanatisch davon überzeugt, daß man Wissen weitergeben müsse. Die Maschinen, die Arbeitsvorgänge, die abgebildet und beschrieben wurden, sollte jeder nachbauen, nachvollziehen können: jeder Zeitgenosse. Aber Diderot dachte noch viel weiter: Ähnlich den Wissenschaften, die heute den Stand unseres Wissens mit Raketen ins All schießen, vergaß er nicht die Nachkommenden. Auch für sie sollten quasi Bauanleitungen geliefert werden. Und tatsächlich wird es dem Ingenieur, dem Techniker von heute wenig Mühe machen, das nachzubauen, was Diderot abbilden ließ.
Alltag der Arbeit in Frankreich: Für viele, die heute an komplizierten Maschinen arbeiten, aber häufig noch immer die Produkte von einst erzeugen, werden Diderots Abbildungen so etwas wie die Rückkehr in die Kindheit sein, das Aufspüren der ursprünglichen Quelle: So fing alles an. Vom Rohprodukt bis zur verkaufsfertigen Ware läuft der Arbeitsvorgang vor uns ab. Und aus vielen Details wird bereits sichtbar, daß die industrielle Revolution vor der Tür steht. Es ist klar, daß bei der Beschreibung technischer Vorgänge für den Menschen wenig Platz bleibt: Er ist nur das notwendige Detail, die Puppe, die notwendig ist, die Prozesse in Gang zu halten.
Die industrielle Revolution wirft lange Schatten voraus: Mensch und Maschine verschmelzen immer mehr.

Landwirtschaft im 18. Jahrhundert ■ *Dreschen: Seit Jahrhunderten eine der ältesten und unangenehmsten Arbeiten auf dem Bauernhof*
Spezieller Obst- und Gemüsegarten zur Erzeugung von Qualitätsfrüchten

Querschnitt einer Mühle

Bäcker
Fleischer und Schlächter

Faßbinder (Frankreich 19. Jhdt.)
Kerzenzieher: Das Wachs wird geschmolzen, die Kerzen entweder gegossen oder getaucht

Presse und Ofen für Steifleinen zur Erzeugung von Spielkarten
Seifensieder: Schneiden der schon ausgekühlten Seifenmasse

Buttererzeugung: Rechts ein flämisches Butterfaß, das Mädchen arbeitet an einem herkömmlichen Butterfaß ■ Zuckererzeugung: Zuckerwasser wird in fünf offenen Kesseln erhitzt. Im letzten ist der Sirup so fest, daß er beim Erkalten kristallisiert oder gepreßt werden kann

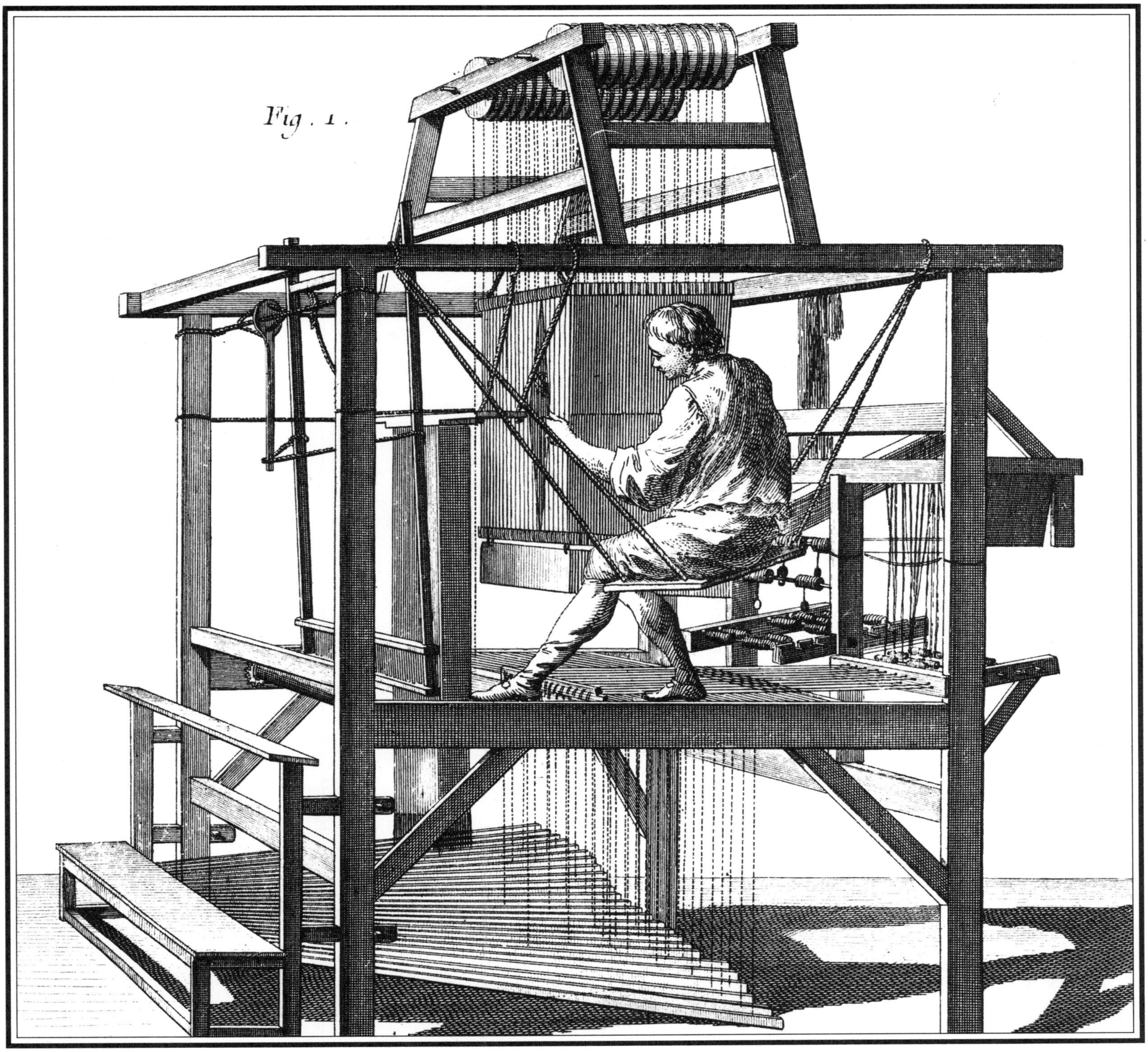

Weber ■ Spinnen: Wird von Frauen ausgeübt. In der Mitte rechts wird der Faden zu Strähnen gebündelt, links davon wird die Wolle auf Knäuel gewickelt

Holzschuherzeugung (18. Jhdt., Frankreich)
Schuhmacher: Die Schuhe werden auf Bestellung angefertigt

Perückenmacher: Er ist auch für die Rasur zuständig
Haute Couture: Damenmodengeschäft (18. Jhdt.)

Seidenerzeugung: Garn wird um eine Spule gewickelt
Der Färber: Der Stoff muß gleichmäßig, ohne zu knittern in die Farbe getaucht werden

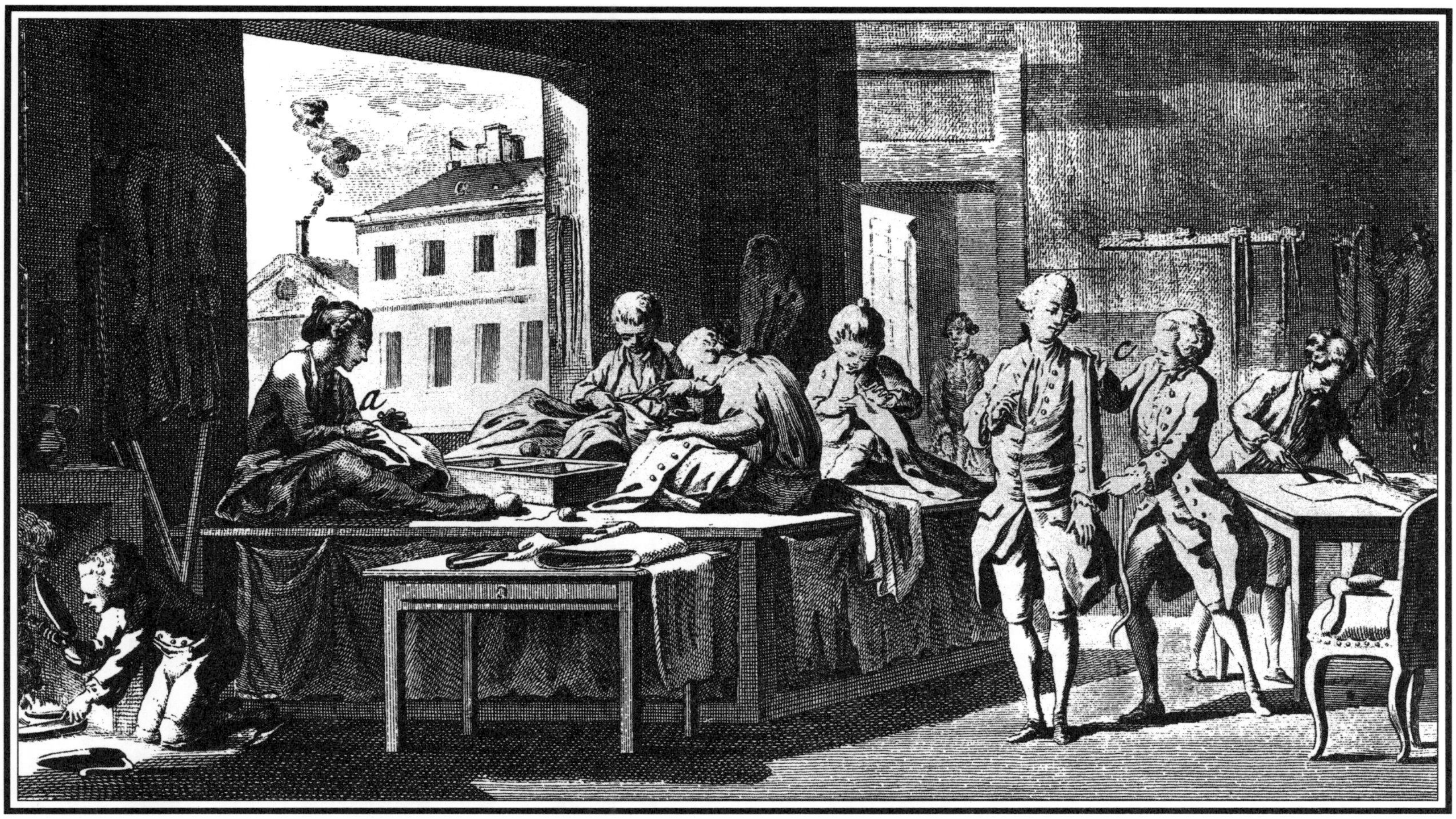

Der Schneider: Streng getrennt war im 18. Jhdt. die Fertigung von Herren- und Damenbekleidung
Ungarisches Gerben: Die Häute werden mit geschmolzenem Talg eingeschmiert und über offenem Feuer getrocknet

Bau: Man verwendete größtenteils Holzgerüste. Bei Regen wird unter Dach weitergearbeitet
Fliesenleger (Frankreich)

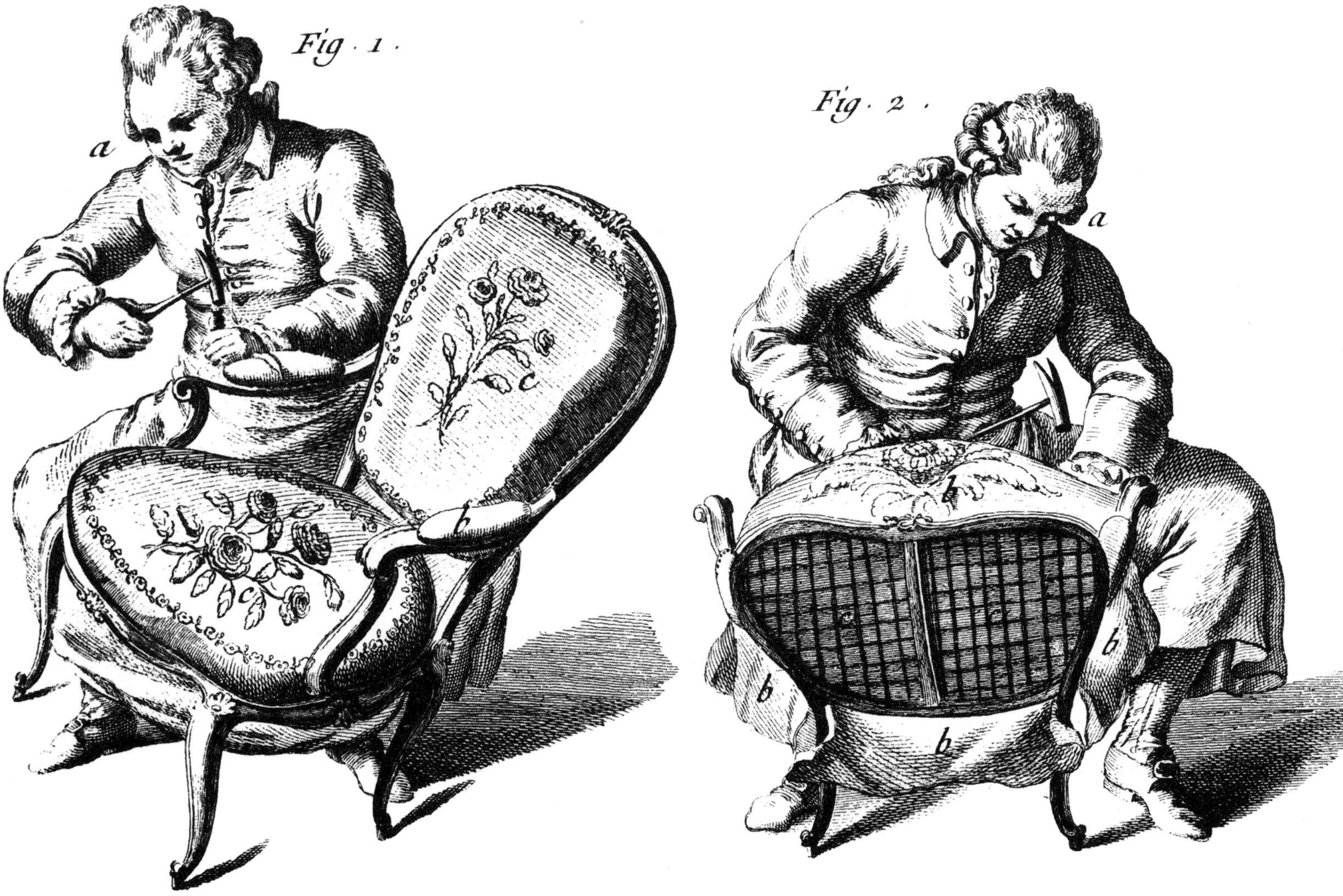

Zimmermann und Tischler (18. Jhdt.)
Tapezierer: Polsterung eines Louis XV.-Sessels

Tagabbau von Metallen: Taubes Gestein wird aussortiert
Schiefergewinnung: Schieferabbau in Frankreich

Bergarbeiter: Arbeit in der Mine unter schwersten Bedingungen ■ *Goldgewinnung: Das Gestein wird zuerst gewaschen, dann pulverisiert und mit Quecksilber vermischt. Quecksilber trennt chemisch Gold vom Gestein*

Hochofen
Hochofenarbeiter: Füllen eines Behälters im Ofen für den Schmelzvorgang

Hochofen (17. Jhdt.): Das ausfließende Eisen wird von der Schlacke getrennt und darf nicht abkühlen
Schmiedeeisen: Walz- und Schneidewerk. Das heiße, geformte Metall wird zu Eisenstäben geschnitten

Schmiede: Fertigung eines Ankerarms
Schmiedeeisen: Eisen wird zuerst geformt und dann geschmiedet. Zwischen den Arbeitsgängen wird das Metall wieder erhitzt

Eisenhütte: Schlosserei
Nadelmacher: Erzeugung vom Schneiden des Stahls bis zum Polieren der fertigen Nadeln

Gießen einer Statue

Glockengießer: Herstellung einer Form zum Guß einer Glocke
Der Schwertmacher

Schmiede: In Amerika war der Hufschmied oft auch Wagner
Hufschmied

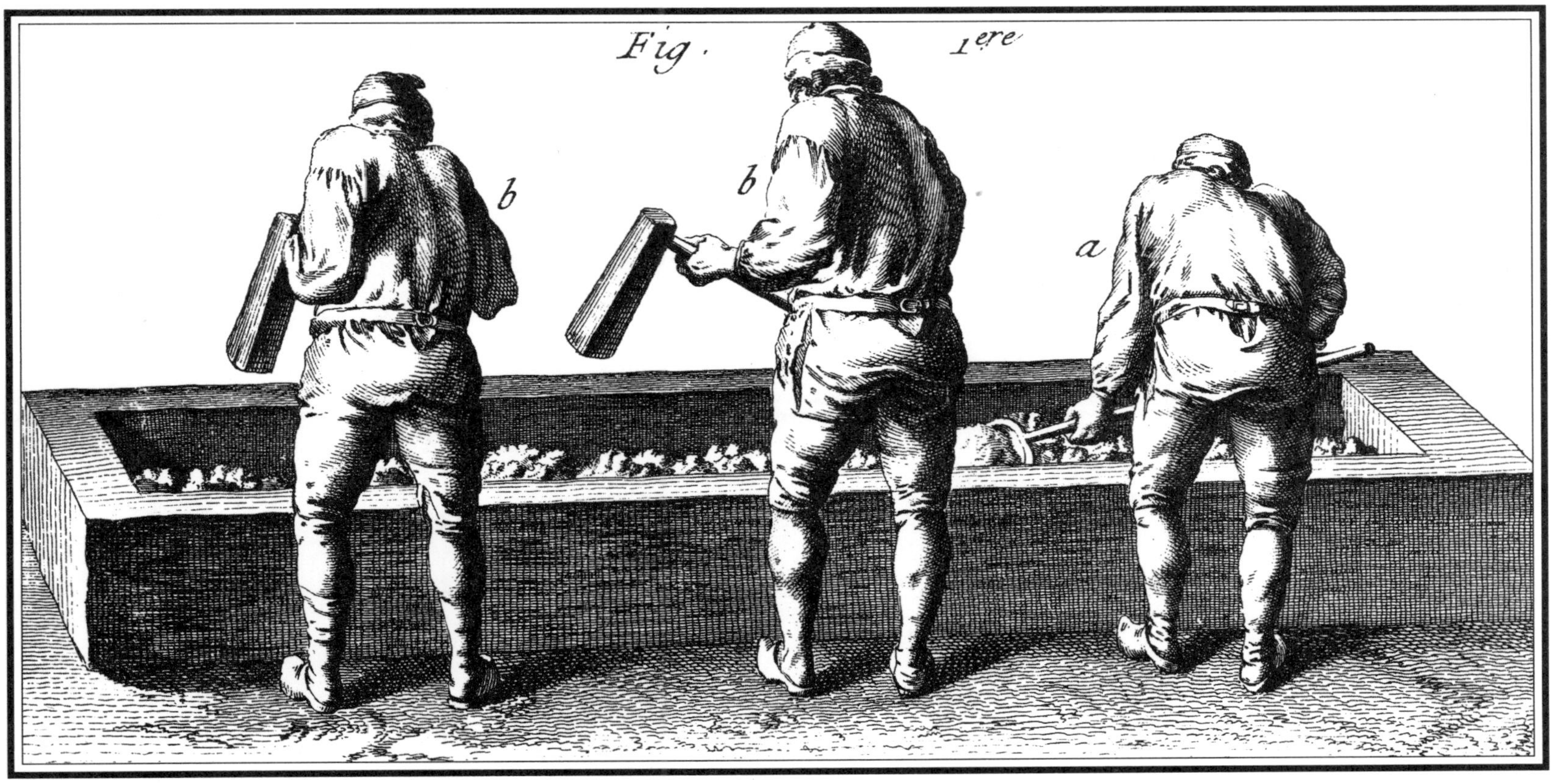

Frauen hacken Glasbruch zu kleinen Stücken ■ Glaserzeugung: Pulverisierung von Glasbruch oder fehlerhaftem Glas zum nochmaligen Einschmelzen ■ Das Bruchglas, vermischt mit Glasschmelzmasse, wird gewaschen und sortiert

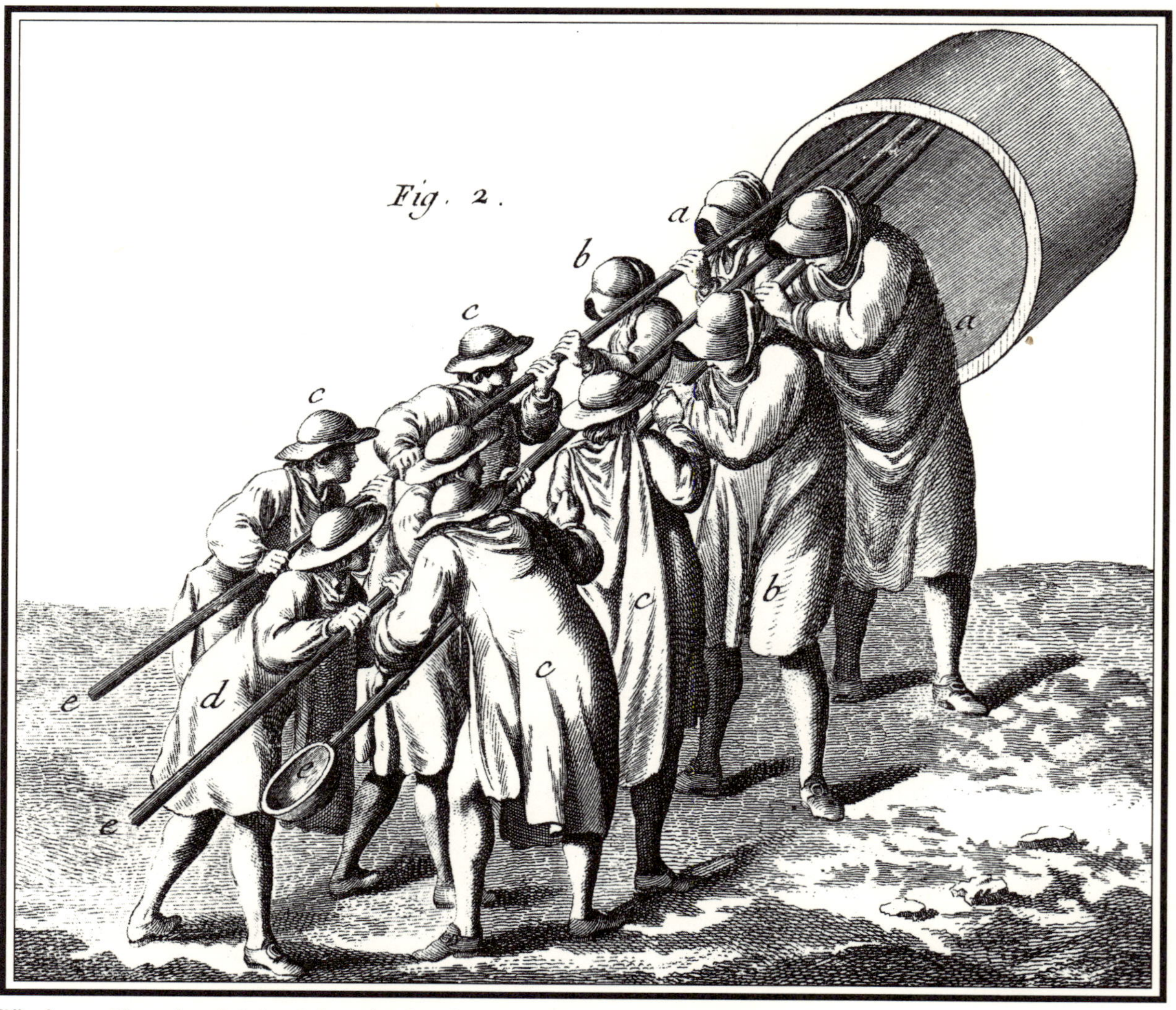

Ein Behälter mit flüssigem Glas, der sich im Schmelzofen festgesetzt hat, wird gelöst
Transport eines heißen Behälters für flüssiges Glas

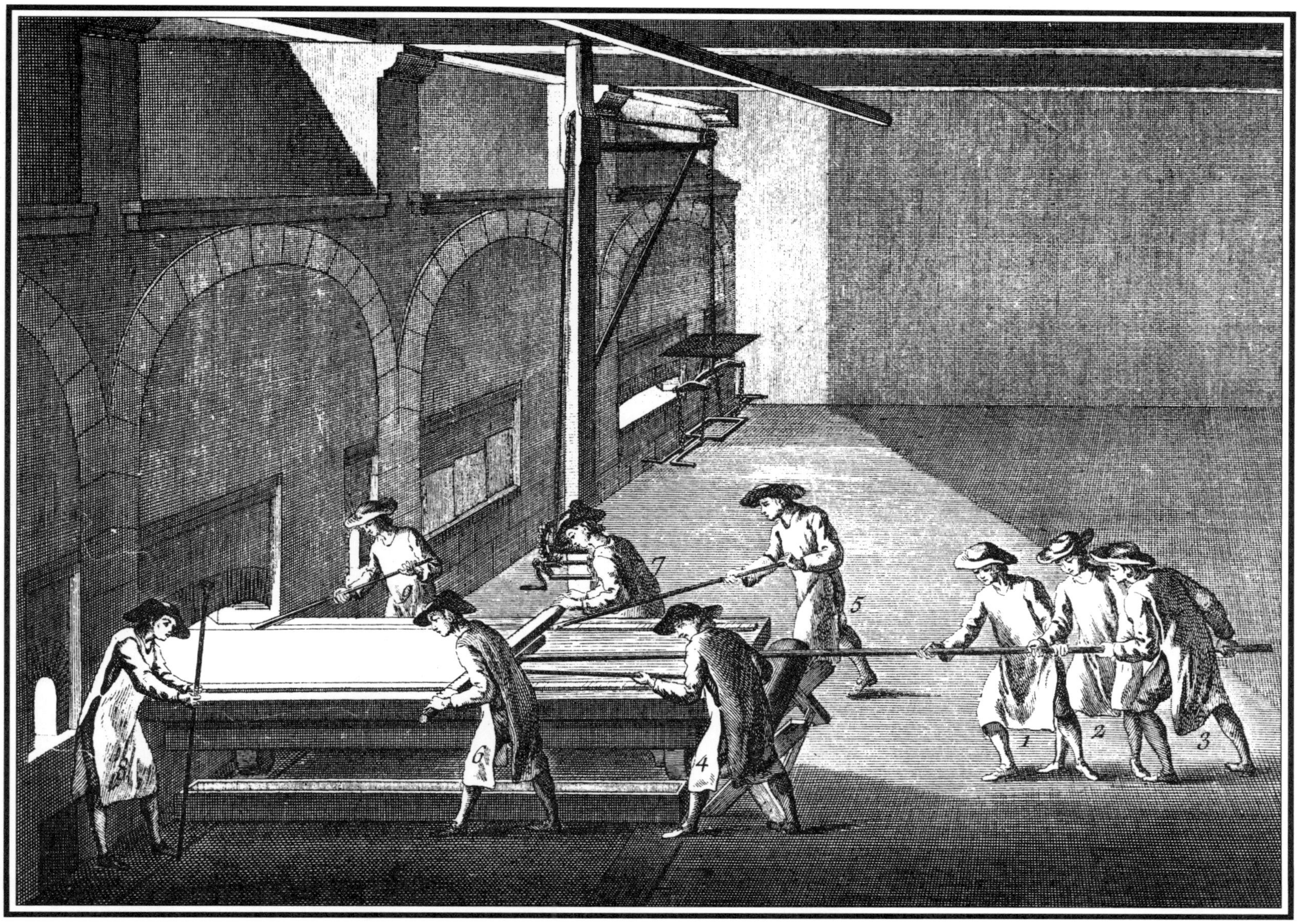

Die fertigen Glasplatten werden zehn Tage abgekühlt
Glasbläser

Papiererzeugung: Der fasrige Brei wird gepreßt, getrocknet und geschnitten
Druckerei: Setzer mit Bleisatz

Druckerei: Zwei Druckpressen, der Bleisatz wird mit Farbe eingefärbt, Papier darübergelegt und gepreßt (gedruckt)
Buchbinder: Das Binden der Bücher war Frauenarbeit. Nach dem Binden werden die Seiten geschnitten und die Bücher gepreßt

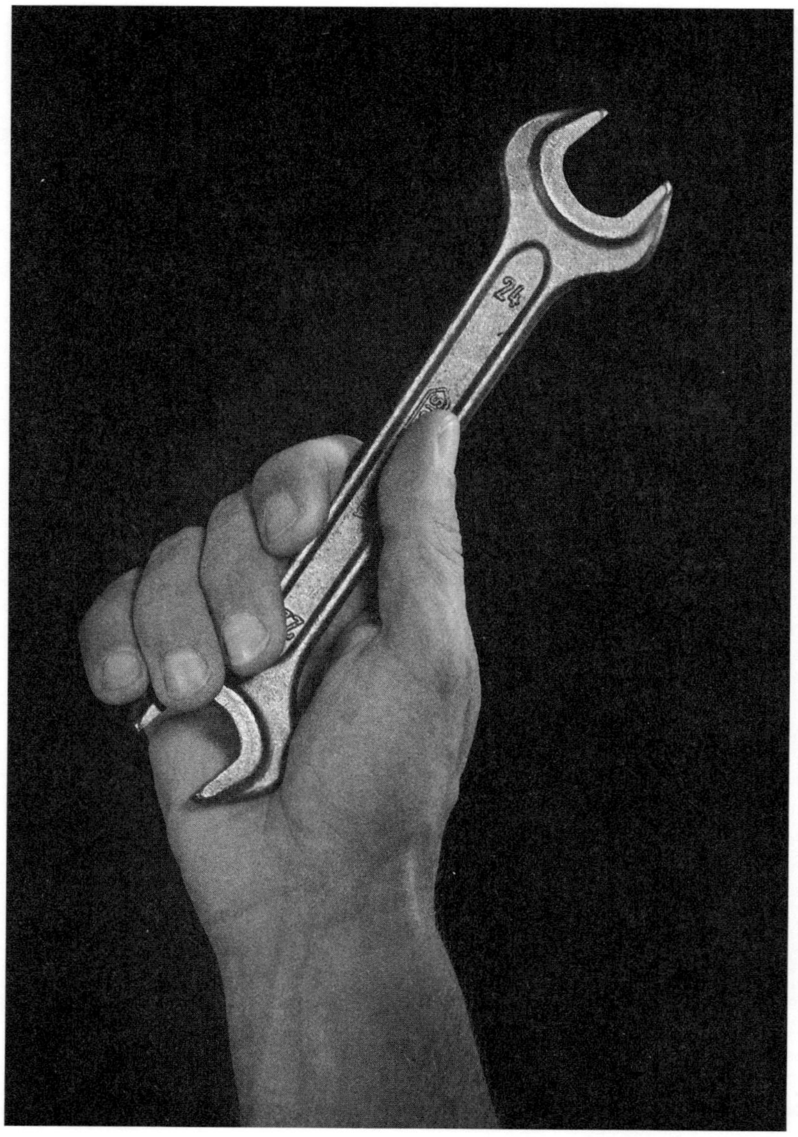

Fritz Klenner

Glanz und Elend der Industrialisierung

Unendlich langsam vollzog sich ursprünglich die technische Entwicklung, die durch Verbesserung der Arbeitsgeräte und durch Erfindungen, welche die Arbeit weniger mühsam gestalteten und deren Ertrag hoben, das Leben der Menschen erleichterte. Erst durch die industrielle Produktion wurde die Arbeitswelt rasch und gründlich verändert.

Als das Joch ersonnen wurde, nahm der Ochse dem Menschen das Ziehen des Pfluges ab. Der Steigbügel für das Pferd diente demgegenüber nur dem Kriegshandwerk, da er dem Reiter besseren Halt im Nahkampf bot. Erst mit dem Aufkommen des Kummets, welches das Atmen nicht behinderte, und des die Hufe schonenden Beschlags konnte auch das Pferd als Zugtier eingesetzt werden.

Es ist das Widersprüchliche in der Menschheitsgeschichte, daß im Kampf um das Überleben vieles für Angriff und Verteidigung entstand, das schließlich aber doch dem friedlichen Fortschritt diente. Wie umgekehrt Erzeugnisse, für friedliche Zwecke bestimmt, dann im Kriegs»handwerk« Verwendung fanden. Der Streitwagen des Altertums wurde zum Lastkarren; ohne die Erfindung des Schießpulvers gäbe es keine Gewehre und Kanonen, aber auch keine Sprengmittel für zivile Zwecke.

Das arbeitsintensive Mahlen des Getreides (Homer erzählt, daß im Hause des Odysseus zwölf Frauen mit dem Erzeugen des für den Haushalt erforderlichen Mehls beschäftigt waren) entwickelte sich in Jahrhunderten über Wind- und Wassermühlen zur Dampf- und schließlich zur Elektromühle. Ursprünglich für landwirtschaftliche Zwecke genützt, wurde das Mühlensystem vom 13. Jahrhundert an zum Walken, Gerben von Tuchen, zum Sägen und vielerlei anderen Zwecken, wie zum Antrieb der Blasebälge von Schmelzöfen und Schmiedehämmern, zum Pressen von Früchten, zum Rühren von Farbstoffen, von Papierbrei und Biermaische angewendet.

Daß immer erst durch den technischen Fortschritt ein besserer Einsatz von Arbeitsgeräten erreicht wurde, zeigt besonders eindringlich die Entwicklung des Spinnrades. Nach seiner ersten Verwendung im 13. Jahrhundert wurde es verschiedenenorts wegen mangelnder Qualität des damit erzeugten Garns wieder verboten. Schon aus Konkurrenzgründen waren meist die Zunftangehörigen gegen Neuerungen feindselig eingestellt; Verbesserungen mußten sich mühsam durchsetzen und ihren Vorteil augenfällig unter Beweis stellen, bevor sie Anerkennung fanden.

Das ursprüngliche Leben der Menschen im mitteleuropäischen Raum war ein Nomadenleben, das Dasein des Jägers und Sammlers. In dem Maße, wie diese Jäger ansässig wurden, bildete sich der geschlossene Kreis der *Hauswirtschaft*. Sie diente zuerst der Bedürfnisbefriedigung: Nahrung, Wohnung, Bekleidung wurden von der Hausgemeinschaft selbst erzeugt, Wehr und Schutz der Hausinsassen war eine notwendige gemeinsame Aufgabe.

Mit der Zeit wurden die Arbeiten innerhalb der Hausgemeinschaften mannigfaltiger und erforderten gediegeneres Können. Schrittweise wurden die selbsthergestellten Werkzeuge und Geräte verbessert und die Methoden der Verarbeitung der Rohprodukte verfeinert; die Arbeiten wurden nach Alter und Geschlecht,

Kraft, Veranlagung und Geschicklichkeit aufgeteilt. Langsam, aber stetig führten der Wandel der Arbeitsmethoden und die Veränderungen der Arbeitsinstrumente zu fortschreitender *Arbeitsteilung*. Die Spezialisierung der Arbeiten schritt immer weiter fort; innerhalb einer Hausgemeinschaft nicht vorhandene oder nicht erzeugte Artikel wurden durch *Tausch* erworben.

Kriegsnöte führten im Frühmittelalter zum Untergang des freien Bauerntums. Beginnend mit dem 6. Jahrhundert wurden die Bauernsippen einem Grundherrn dienst- und abgabepflichtig, der sie gegen einfallende Feinde zu schützen hatte. Es gab noch keine Staatsmacht, die entsprechenden Schutz gewährleisten konnte. So wurden die Bauern Hintersassen einer Grundherrschaft, deren Mittelpunkt der *Fronhof* war. Letztlich führten sie ein Sklavendasein, da die Verfügung über einen Großteil ihrer Arbeitskraft und die Rechtsprechung beim Grundherrn lagen.

Angehörige des Fronhofes waren aber nicht nur die Bauern, sondern auch die Männer und Frauen, die das Leinen, die Pflüge und die Kessel herstellten und die Häuser bauten. Waren mehrere Menschen in einem Fach tätig, so erwies es sich bald als zweckmäßig, ihnen einen Meister vorzusetzen. Durch Übung und Erfahrung entstand der Typ des *Handwerkers*. Er war wohl meist im Besitz der Handwerksgeräte, aber die Rohstoffe gehörten dem Auftraggeber. Die Handwerker des Mittelalters waren deshalb anfangs meist »Lohnwerker«, die für die Herstellung eines Gegenstandes einen vereinbarten Lohn erhielten.

Es gab zwei verschiedene Arten der Fronarbeit: die Spanndienste und die Handdienste. Fron mit dem Gespann konnte nur ein Bauer leisten, der ein Gespann hatte, also »reich« war. Bauern, die nur wenig Land besaßen und über kein Gespann verfügten, mußten Handdienste leisten. Es bestanden kleinbürgerliche Betriebe, deren Besitzer zwar zum Frondienst verpflichtet waren, aber einen Teil ihrer Freizeit zu eigenem Gewinn nutzen konnten. Sie mußten sich allerdings auch der Rechtsprechung des Grundherrn unterordnen und durften nur innerhalb seiner Domäne und nur mit seiner Zustimmung heiraten. Auch über die Erziehung ihrer Kinder konnten sie nicht frei bestimmen.

Die handwerklichen Betriebe auf den Gütern der Adeligen wurden allmählich zu einer Konkurrenz für die gewerblichen Zünfte, denn es wurde oft mehr als das für den eigenen Gebrauch Nötige erzeugt; die Fronherren wurden zu Unternehmern und Kaufleuten. Auch erwarben die Adeligen Häuser in den sich bildenden Städten, wollten aber keine Steuern zahlen. Handwerker- und Marktstädte lebten schließlich in ständigem Konflikt mit dem Adel. Mit der Zeit fanden es manche Grundherren auch vorteilhafter, von ihren Untertanen nicht nur Naturalien und Arbeitsleistung, sondern auch Abgeltung in Form von Bargeld zu fordern.

Die Bauern gerieten bei Mißernten oft in eine verzweifelte Lage, denn die Bodenerträge waren gering und gestatteten aufgrund der Ablieferungsverpflichtungen keine entsprechende Vorratshaltung.

Im Verlauf des Mittelalters gewannen die städtischen Ansiedlungen immer mehr an Größe und Bedeutung, und es bildete sich eine berufsständische Ordnung heraus. »Stadtluft machte frei«, denn das Leben in der Stadt war nicht den harten Bedingungen des Frondienstes unterworfen. Jedoch auch in den Städten waren Geburtsadel, Klerus und das städtische Patriziat politisch privilegiert und hoben sich von den einfachen Bürgern und Bauern ab.

Wie es um die Mitte des 16. Jahrhunderts um das Treiben in Wien bestellt war, schilderte damals der Schulmeister Wolfgang Schmelzl in seinem *Lobspruch der hochlöblichen, weltberühmten königlichen Stadt Wienn in Österreich (1548)*:

»Die Bürger ziehen ihren Hauptverdienst aus dem Weingartbau, ‚ein seliger Wucher, den Gott ziert, was aus der Erde genommen wird'. Auf dem Neuen Markt wird Getreide in ganzen Wägen verkauft. Da ist auch ein Pranger mit dem geeichten Stadtmaß; wer falsch mißt, wird an diesen Pranger gestellt. Am Graben und Lichtensteg haben die Fleischhacker ihren Stand, bei siebenzig an der Zahl. Wöchentlich wurden 300 Ochsen und mehr ausgewogen, daneben 600 Kälber, 1000 Schafe, 100 Schweine. Alle Freitage bringt man auf den Gries 4000 Ochsen und sonst viel Viehs. Auf St. Peters Freithof werden Eier und Hühner sowie Gemüse verkauft, Am Hof mit dem schönen Wappenbrunnen Holz, Kohlen, Heu und Stroh. Alle Tage werden 100 Fuder Krebsen verkauft. Da wird auch Brot in Wägen feilgeboten. Auch ‚ein Fuder Nelkenkränz man hätt, welchs manche Jungfrau lachen tät'. Auf dem Judenplatz stehen 10 Wägen mit Kesten (Kastanien). Auf dem Fischmarkt unter den fünf großen schattigen Linden ist ein groß Gedräng von Fischern aus Böhmen, Mähren, Hungarland. 14 Wägen mit Hansen stehen da, andere mit Bratfischen, Hechten, Karpfen usw....
Auf dem Hohen Markt steht das Narrenkötterlein, wo die Nachtschwärmer eingesperrt werden. Da ist auch der Obstmarkt und der Wildpretmarkt. Bauern halten Bluntzen, Würste, Schinken und Speck, Käse, Milch, Schmalz, Rüben, Kraut auf dem Bauernmarkt feil[1].«

Interessenvertretungen entstehen

Die Ausweitung des Handels und das Aufkommen der Städte boten dem Handwerk die Grundlage zu selbständiger Entwicklung. Bereits um die Jahrtausendwende begannen Handwerker, die am gleichen Ort das gleiche Hand-

[1] Aus Richard Kralik, *Geschichte der Stadt Wien*, Wien 1926, S. 159 f.

werk betrieben, sich zu *Zünften* zusammenzuschließen, die für alle Zunftangehörigen bindende Vorschriften, Zunftartikel, festlegten. Zum wichtigsten Zunftartikel wurde der Zunftzwang, der Ausschluß aller außerhalb der Zunft Stehenden von der Handwerksausübung. Die Zünfte sorgten für die Ausbildung und die Ordnung im Gewerbewesen, überprüften Maße und Gewichte, regelten die Abgaben an die Obrigkeit und stellten Mißstände ab. Der immer lebhafter werdende Handel führte auch zu gemeinsamer Warenbeschaffung und zur Durchführung des Verkaufs in der Fremde, also in entfernteren Gebieten. Die Zünfte waren letztlich nichts anders als Interessenverbände der Handwerker.

Mit dem Aufkommen der Zünfte und dem Einfluß, den sie nach und nach gegenüber dem Geburtsjunkertum in den Städten errangen, wuchs das Selbstgefühl der Handwerker. Zum erstenmal in der Geschichte wurde den Rechten und der Ehre der Arbeit zur Anerkennung verholfen. Die Zünfte konnten alle den Beruf betreffenden Fragen selbst entscheiden und regeln. Sie hatten eine eigene Gerichtsbarkeit in Gewerbesachen.

Allerdings wurden diese Rechte nicht leicht errungen. Durch das ganze Spätmittelalter zieht sich wie ein roter Faden der blutige Kampf, den die Bürger mit den Stadtadeligen führten, mit den Geschlechtern, die das Recht, im Stadtrat zu sitzen, weitervererbten.

In Italien entstanden die Zünfte bereits im 8. und 9. Jahrhundert. Die ältesten belegten Zünfte in Deutschland waren die Wormser Fischhändler von 1106 und die Würzburger Schuhmacher von 1128. Ob die Mainzer Weber sich bereits 1099 zusammenschlossen, ist nicht authentisch belegt.

Die ursprünglichen Bezeichnungen der Zünfte waren *fraternitas, consortium, societas* oder *unio,* die späteren deutschsprachigen »Gilde«, »Amt« oder »Zeche«, erst im 16. Jahrhundert wurde »Zunft« zur vorherrschenden Bezeichnung[2].

Anwachsen der Gegensätze

Lange Zeit herrschte zwischen Meistern und Gesellen ein patriarchalisches Verhältnis. Die Meister sorgten väterlich für die Gesellen, und diese fühlten sich zur Familie gehörig. Als das Handwerk sich ausbreitete, die Zünfte sich Privilegien sicherten und das Handwerk weitervererbt wurde, konnte nur ein Teil der Gesellen damit rechnen, selbst Meister zu werden. Das altväterliche Verhältnis löste sich, und ein Interessenkampf zwischen Meistern und Gesellen begann, der oft nicht minder blutig verlief als vorher der Kampf zwischen Handwerkern und Adeligen.

Im 15. Jahrhundert wurde die Aufnahme in die Zünfte erschwert, weil durch die Zunahme der Handwerksbetriebe die Konkurrenz immer größer wurde. Nun stieg nicht mehr die Zahl der Handwerker, sondern die der *Lohnarbeiter,* der Hilfsarbeiter, die sich auf Stunden oder Tage verdingten.

So wie die Meister in den Zünften, begannen sich die Gesellen in *Bruderschaften* zu organisieren. Mittelpunkte der Bruderschaft eines Berufes waren die Gesellenherbergen. Durch den Brauch der Wanderschaft und die Einrichtung von Gesellenherbergen erlangten die Handwerksgehilfen Verbindung von Stadt zu Stadt, ja von Land zu Land. In den Gesellenherbergen wurden Erfahrungen ausgetauscht, so zum Beispiel, daß sich die Gesellen da und dort den »blauen Montag«, einen freien Montag nach dem Sonntag, erstritten hatten. Zugewanderte wurden darüber belehrt, was sie von den Arbeitsverhältnissen am Ort und bei den einzelnen Meistern zu erwarten hatten.

In der Herberge bekam der durchreisende fremde Geselle seine Reiseunterstützung, dafür sang er am Abend das neueste Lied, das man auf den Landstraßen und in anderen Städten hören konnte. Man sang in der Herberge Loblieder auf das eigene Handwerk und Spottverse auf andere Gewerbe. Hier wurde aber auch sozialer Kritik Raum gegeben: Der gestrenge Meister und die oft noch gestrengere Meisterin fanden wenig Gnade vor den in den Herbergen versammelten Gesellen.

Das Wandern hatte einen tiefen wirtschaftlichen Sinn. Der wandernde Geselle erweiterte seine Kenntnisse, er lernte neue Arbeitsformen und Arbeitsweisen kennen und wurde so zum Träger des Fortschritts. Das führte schließlich dazu, daß aus Konkurrenzgründen verschiedenenorts ein Handwerk *gesperrt* wurde: Dort, wo das Handwerk eine besondere Höhe der Kunstfertigkeit erreicht hatte und man die Erzeugnisse als Qualitätsware schützen wollte, wurden sowohl Zuzug als auch Abwanderung verboten.

Das Wandern wirkte aber auch regulierend auf den Arbeitsmarkt; es ermöglichte bei einem Überschuß an Arbeitskräften durch die Abwanderung eine Entlastung, bei Mangel an Arbeitskräften einen Zuzug.

Das Leben und Treiben in den Gesellenherbergen fand nicht immer den Beifall der Meister und der Stadtobrigkeit. Als die Gesellenverbindungen zu stark wurden und sie den Zunftherren Kämpfe um mehr Recht, mehr Lohn und kürzere Arbeitszeit lieferten, wurde mit Verboten gegen die Bruderschaften und mit Einkerkerungen und Hinrichtungen gegen aufsässige Gesellen vorgegangen. (So wurden zum Beispiel in Wien bei einem Ausstand der Wiener Schuhknechte im Jahre 1722 zwei Todesurteile gefällt und sieben Personen bei Unruhen erschossen.)

Die Arbeitsbedingungen waren vielfach trist, nur allmählich wurden Verbesserungen erreicht. So geht aus authentischen Überliefe-

[2] *Geschichte der Arbeit,* Köln 1980, S. 175.

rungen hervor, daß die Schmiede in Brandenburg von drei Uhr früh bis sechs Uhr abends, die Schreiner in Freiburg von vier Uhr morgens bis sieben Uhr abends arbeiten mußten. Um die Mitte des 16. Jahrhunderts betrug in Nürnberg die tägliche Arbeitszeit der Seiler und noch bis zur Mitte des 18. Jahrhunderts die der Seidenwebergesellen fünfzehn Stunden. Landesfürsten, Stadtverwaltungen und die Zunftherren bekämpften unausgesetzt die in Form des »blauen Montags« erreichte Verkürzung der Arbeitszeit.

Es lag in der Natur der Sache, daß die Bruderschaften der Handwerks»knechte« (in den Akten wurden die Gesellen des öfteren als »Knechte« bezeichnet) nur eine recht locker gefügte Interessenvertretung sein konnten. Die Verständigungsmöglichkeiten einer Berufsgruppe mit den Berufskollegen anderer Städte waren zu beschränkt und zu umständlich, um ein schlagkräftiges Zusammenarbeiten der über die Orte und Länder verstreuten Bruderschaften zu ermöglichen. Bis ins 16. und 17. Jahrhundert hinein war der Zusammenhalt der Handwerksgehilfen auch deshalb nicht allzu groß, weil ein Teil von ihnen noch hoffen konnte, einst selbst Meister zu werden und den Nöten des Gesellenstandes zu entfliehen. Schließlich sorgte auch die einseitige Parteinahme der Behörden dafür, daß die Organisationen der Handwerksgesellen nicht allzu stark wurden. Bis zum 15. Jahrhundert konnten allerdings auch Frauen Meisterinnen, insbesondere in den Seidenweber- und Seidenmacherzünften, werden.

Zunftwesen behindert die Entwicklung

Die Wirtschaftsform und die gesellschaftlichen Zustände änderten sich im Laufe der Jahrhunderte. Mit dem Aufkommen des Frühkapitalismus bildeten sich zwischen dem 15. und dem 18. Jahrhundert in Mitteleuropa neben den Feudalherren und dem städtischen Bürgertum zwei neue Gesellschaftsklassen: das Großbürgertum und die Arbeiter in den Manufakturen, den Vorläufern der Fabriken.

Die Zünfte führten im Mittelalter zur Stärkung des städtischen Bürgertums. Sie hatten ihre Blütezeit im 15. und 16. Jahrhundert; die Not und die Verwüstungen des Dreißigjährigen Krieges, die zwischen 1618 und 1648 Mitteleuropa heimsuchten, brachen die Kraft des Handwerks. Die Zünfte verfielen mit dem Entstehen der Manufakturen und Fabriken und wurden schließlich durch die Gewerbefreiheit ganz beseitigt. In Österreich wurden 1731 durch die General-Handwerksordnung, die für Wien, Nieder- und Oberösterreich galt, auch die Gesellenvereine, Bruderschaften und ähnliche Verbindungen aufgelöst, Neugründungen unter schwere Strafe gestellt und der »blaue Montag« verboten. In der Verordnung hieß es unter anderem:

». . . Vom Lehrling und Arbeiter ist der Geburtsschein resp. Lehrbrief in Laad zu hinterlegen, bei Wanderantritt nur eine Abschrift auszufolgen, damit das Auf- und Austreten verhindert werde, wenn er nicht acht Tag bis ein halbes Jahr vorher ankündigte (je nachdem gebräuchlich), daß er weiterwandern will. Hat er sich etwas zuschulden kommen lassen, so müssen diese Dokumente zurückbehalten werden, bis er davon befreit ist.

Den Gesellen wird ein Bruderschaft-Siegel zu führen verboten und ist in obrigkeitlicher Verwahrung zu halten. Desgleichen ist das Abschicken von Meistern und Gesellen an die Zünfte anderer Orte verboten . . .

Herbergen sind zu halten, wo der Herbergsvater die freien Arbeitsplätze wissen und Zugereisten sagen soll. Sind keine freien Plätze da, soll sich der Zugewanderte 3 Tag zum Arbeitsuchen dort aufhalten können und dann weiterreisen müssen. Des Fechtens und Bettelns hat er sich zu enthalten.

Das Degentragen wird verboten. Die gebräuchlichen Handwerksgrüße werden verboten. Das Dienen bei einer Herrschaft solle demselben unschädlich sein.

Die Meister sollen auch die Lehrjungen gründlich unterweisen, auch vernünftig und nicht mit unverdienten und übermäßigen Schlägen bestrafen, auch solches ihren Eheweibern und Gesellen nicht gestatten, noch auch zu anderen knechtlichen Arbeiten anhalten . . .«[3]

Die Handwerksordnung brachte allerdings für die Gesellen auch Erleichterungen. So wurden verheiratete und unverheiratete Gesellen gleichgestellt, das Einheiraten in ein Handwerk wurde nicht mehr zum Erfordernis gemacht, die Mutjahre wurden abgeschafft, die Bevorzugung der Meistersöhne und der Männer von Meistertöchtern und -witwen verboten.

Frühe Klassenkämpfe

Nun darf man aber keineswegs annehmen, daß das Leben in den Ländern Europas gleich oder nur annähernd ähnlich verlief. Es bot ein vielfältiges Bild, und die Entwicklung eilte verschiedenenorts ihrer Zeit weit voraus. Ein Beispiel ist der Ciompi-Aufstand, die Erhebung der Wollarbeiter und Taglöhner in Florenz: 1378 verbündeten sich die Neureichen unter Führung von Salvestro de Medici im Kampf gegen die traditionelle Oberschicht mit der Unterschicht der Stadt, den zünftigen Handwerkern, den Wollarbeitern und Taglöhnern. Am 20. Juni 1378 brannten diese die Häuser einiger Guelfen, der traditionellen herrschenden Schicht, nieder und plünderten sie. Unter dem Eindruck der Gewalt einigten sich beide Parteien. Den Interessen der Neureichen und einiger Handwerkerzünfte wurde Rechnung getragen, jedoch nicht denen der Wollarbeiter und Taglöhner.

[3] Heinrich Möller, *Geschichte der Schuhmacher Österreichs 1871–1931*, Wien 1931, S. 69.

Bereits am 18. Juli erhoben sich die Wollarbeiter, Taglöhner und Mitglieder unbefriedigter Zünfte und forderten höheren Lohn, Mitbestimmungsrecht am Stadtregiment in Form einer neuen Zunft, Befreiung von der Gerichtsgewalt der *Arte della lana,* was Befreiung vom Lohndiktat bedeutete, und schließlich die Niederschlagung aller anhängigen Gerichtsverfahren gegen die Arbeiter. Einige Tage später wurden des weiteren Steuergerechtigkeit, Milderung des Schuldrechts, Senkung der Lebensmittelpreise und Sicherung des Arbeitsplatzes gefordert – auch heute noch ganz aktuell klingende Programmpunkte.

Es wurde nun ein Stadtrat des »Klassenkompromisses« eingesetzt, in dem Unternehmer, Handwerker und Arbeiter zusammensaßen; drei neue Zünfte wurden gebildet, darunter auch eine *Arte dei ciompi,* in der die Unterschicht der Wollzunft zusammengefaßt war. Der neue Rat senkte die Lebensmittelpreise; zur Beratung der anderen Forderungen wurde eine Kommission eingesetzt.

Doch die Unternehmer trafen Gegenmaßnahmen: die Werkstätten blieben geschlossen, und die Unternehmer widersetzten sich amtlichen Aufforderungen, sie zu öffnen. Die begüterten Handwerker und die Partei des Salvestro de Medici begannen, die errungene politische Macht abzusichern. Das passive Wahlrecht wurde an feste Steuerquoten gebunden, damit wurden die Ciompi wieder zu Bürgern zweiter Klasse.

»Arbeitslosigkeit, Verschuldung, Lebensmittelknappheit, Verrat der Bundesgenossen und erneute Rechtlosigkeit – dieses waren die Ergebnisse einer kompromißbereiten und nahezu unblutigen Aktion der Arbeiter gegen ihre Bedrücker gewesen. So wenigstens mußte den Ciompi seit Mitte August ihre Lage erscheinen. Am 28. August 1378 kamen über 5000 Arbeiter auf der Piazza San Marco zusammen und formulierten neue Forderungen, die die Misere überwinden sollten. An oberster Stelle stand nun die Abrechnung mit den »Verrätern«. Alle zur Zeit im Amt befindlichen Rats- und Ausschußmitglieder, auch die der Ciompi, sollten für fünf bis zehn Jahre von allen Ämtern ausgeschlossen werden. Salvestro de Medici sollte alle ihm von dem neuen Regiment zugeteilten Vorteile verlieren. Zinszahlungen aus den Staatsanleihen der »Reichen« sollten für zehn Jahre unterbleiben. Für sich selbst forderten die Arbeiter nur die Aufhebung der Schuldhaft für eine Zeit von zwei Jahren. Deutlich zeigten sich hier die Enttäuschung und der Zorn der Arbeiter, aber auch die Sorge, wieder in die Bedrückung der Zeit vor dem Aufstand zu fallen.«[4]

Das Ende kam rasch. Der Stadtrat lehnte die Forderungen ab, und am 31. August stürmte die Bürgermiliz die Kirche Santa Maria Novella, in der die Aufständischen versammelt waren. Sie wurden entwaffnet und die Zunft der Ciompi aufgelöst.

»Sie selbst trieb man zurück an die Arbeit, zurück in Rechtlosigkeit und Bedrückung und in einen nur kurze Zeit für überwunden gehaltenen historisch-gesellschaftlichen Zustand. Die ‚Modernisierer' der florentinischen Gesellschaft und Politik um Salvestro de Medici einigten sich unterdessen mit den Vertretern des alten Regiments und den Unternehmern der Wollindustrie auf eine Neuverteilung der Macht.«[5]

Der Ciompi-Aufstand um die Mitte des 14. Jahrhunderts war – etwa gleichzeitig mit den Bauernaufständen in England und Frankreich, aber lange vor jenen in Deutschland – bereits die erste größere Bewegung von Lohnarbeitern in einer neuentstandenen Industrie und ein Vorzeichen künftiger sozialer Kämpfe um mehr Lohn und Anerkennung der Rechte der arbeitenden Menschen in einer sich verändernden wirtschaftlichen Umwelt.

Kapital gegen Zünfte

Die zünftlerischen Schranken standen in Mitteleuropa der mit dem 16. Jahrhundert einsetzenden frühkapitalistischen Entwicklung im Wege und wurden daher schrittweise abgebaut. Den durch die fabrikmäßige Herstellung gesteigerten Produktionsmöglichkeiten waren detaillierte Vorschriften über Material, Herstellungsart und Herstellungsweise, die Zahl der Lehrlinge und Gesellen usw. hinderlich. Handel und Verkehr breiteten sich über die ganze Welt aus. Neue Kontinente wurden entdeckt und neue Rohstoffe gefunden. Das Gold wurde ein allgemein anerkanntes Zahlungsmittel. Mit der Erfindung der Dampfmaschine, der Spinnmaschine und des mechanischen Webstuhls trat die industrielle Entwicklung ihre Herrschaft an.

Der Kapitalismus mußte zu seiner Entfaltung die Möglichkeit haben, genügend Kapital anzuhäufen und es in eine beliebige Menge von Produktionsmitteln umzusetzen. Er brauchte Arbeitskräfte, die er nach Belieben aufnehmen und wieder entlassen konnte. Die Leibeigenschaft mußte deshalb fallen, und die Arbeiter durften nicht an Besitz gebunden sein, damit sie willig immer dorthin wanderten, wo man sie jeweils brauchte. Die brotlosen städtischen Handwerker, die in ihrem Beruf nicht mehr unterkommen konnten, die von Haus und Hof verdrängten Bauern und Taglöhner, die keine Arbeit fanden, stellten das Heer der »freien« Arbeitskräfte – und zwar zunächst oft in Form von Vagabunden und Landstreichern, die durch drakonische Gesetze und Zwangsmaßnahmen zur Arbeit gezwungen wurden. Die »Blutgesetze« gegen die Landstreicher, die von öffentlicher Auspeitschung über Zwangsarbeit, zeitweiliger oder lebenslänglicher Sklaverei bis zur Hinrichtung als Staatsverräter reichende Strafen vorsahen, fruchteten nichts, da sie die

[4] *Geschichte der Arbeit,* S. 190 ff.

[5] A. a. O., S. 192.

Wurzel des Übels, die Arbeitslosigkeit, nicht berührten.

Aber nicht alle arbeitenden Menschen waren unfreie Bauern oder Handwerker. Das gesellschaftliche Leben verlief vielfältig gegliedert. In Österreich entwickelte sich schon frühzeitig der Bergbau. Die Erze des 1543 Meter hohen Erzberges wurden von den Eisenbauern, seßhaften haus- und grundbesitzenden Bergleuten, abgebaut und in »Rennherden«, kleinen gemauerten Gruben, ausgeschmolzen und verhüttet. Das unreine Roheisen kam in Scheiben oder Klumpen auf der Eisenstraße von Innerberg bis zur Enns bei Hieflau, von wo es teils auf Flößen, teils auf der Straße durch das Ennstal bis Steyr geführt wurde. Diese Stadt erhielt 1287 ein besonders privilegiertes Stapelrecht für das Innerberger Roheisen, nachdem dieses schon viel früher von den Steyrer Handelsherren nach nah und fern verkauft worden war. Ausschmelzung und Verhüttung durch Holzkohle, Floßbau und später der Zillenbau verschlangen große Mengen guten Holzes, so daß ganze Gebirgszüge entwaldet wurden.

Erst spät, gegen Ende des 15. Jahrhunderts, kam in Steyr das Handwerk auf. Noch 1435 war es in Steyr der weitaus angesehensten Zunft, der Liebfrauen-Zeche der Messerer, nur unter Aufsicht von zwei Ratsmitgliedern erlaubt, im Rathaus ihre Zech- und Führmeisterwahlen abzuhalten. Im Stadtrat war die Zunft nicht vertreten.

Mit dem Fortschreiten der Technik schwangen sich die Innerberger Eisenbauern zu Radmeistern auf, die in sogenannten Radwerken in der Nähe des Erzberges die Erze zu Eisen schmolzen. 1625 bildete sich die erste Aktiengesellschaft auf österreichischem Boden: die Innerberger Hauptgewerkschaft.[6]

Ähnlich wie bei der Erzgewinnung waren die Verhältnisse bei der Salzgewinnung in Hallstatt und Hallein. Die Hauer besaßen eigene Häuser, durften nicht wegziehen, waren vom Militärdienst befreit, doch ihre Arbeitsstelle war erblich. Jede andere Arbeit als die Salzgewinnung war verpönt. Die Pfannhausrechte wurden an ansässige Bürger vergeben, die als Lohn aber kein Geld, sondern eine bestimmte Menge Salz erhielten, das sie weiterverkaufen konnten. Das bot ihnen die Möglichkeit, vermögend zu werden.

Die Entlohnung der Salzarbeiter war sehr gering, 1392 kam es in Hallstatt und Lauffen zu einem Aufstand der Bergknappen und Klausenarbeiter, der brutal niedergeschlagen wurde. Einige Rebellen wurden geblendet und gehängt, andere lange Jahre eingekerkert, die Mehrzahl unterwarf sich und gelobte Gehorsam.

1524 wurden die Arbeitsbedingungen und die Art des Salzverschleißes von Ferdinand I. neu geregelt; 1533 wurde eine Lohnordnung für die Salzarbeiter erlassen, einige Jahre später wurden ein Salinenspital errichtet und zum ersten Mal Pensionen für verdiente Meister und deren Witwen ausgesetzt.[7]

Industrialisierung

Die Produktionsweise entwickelte sich vom handwerksmäßigen Kleinbetrieb über den Großbetrieb der Manufaktur, der schon einen hohen Beschäftigtenstand aufwies, aber noch kaum mit Maschinen arbeitete, zur *Fabrik,* die bereits vorwiegend Maschinen in Betrieb hatte. Der maschinelle Großbetrieb brachte eine immer weitergehende Arbeitsteilung und Arbeitsvereinfachung mit sich. Die Zahl der ungelernten Arbeiter stieg.

Während im zünftlerischen Handwerksbetrieb hauptsächlich erwachsene Männer beschäftigt waren, wurden im Fabriksbetrieb – anfangs durch keinerlei gesetzliche Schranken gehemmt – immer mehr Kinder, Jugendliche und Frauen als billige Arbeitskräfte verwendet.

Der Frühkapitalismus war durch fast grenzenlose Ausbeutung gekennzeichnet: achtzehnstündiger Arbeitstag, Sonntags- und Nachtarbeit und Hungerlöhne, mit der Folge, daß das durchschnittliche Lebensalter des Proletariats unter dreißig Jahre sank.

Aus Not und Elend schuf der Kapitalismus seinen Reichtum, der eine neue Blütezeit wirtschaftlicher Entwicklung brachte, indem er zum Träger der *Industrialisierung,* dem Anbruch einer neuen Menschheitsepoche, wurde.

Die industrielle Entwicklung brachte eine umstürzende Wandlung der Wirtschaft und der Gesellschaft mit sich. Sie leitete einen Prozeß ein, der innerhalb dreier Jahrhunderte mit der Auflösung der feudalen Bindungen eine neue Gestaltung der Arbeitswelt brachte. Die arbeitenden Menschen wurden zwar von der Bindung an die mittelalterliche Ständegesellschaft befreit, aber schrankenloser Ausbeutung unterworfen, die vorerst zur Verelendung und Degeneration der Arbeiterschaft führte.

Die Französische Revolution von 1789, die dem Bürgertum zur politischen Macht verhalf, schuf zuerst in Frankreich und später auf dem ganzen Kontinent die Voraussetzung für die Entfaltung der kapitalistischen Produktionsweise. Das Mutterland der Industrialisierung war jedoch England. Hier wurden die ersten Arbeitsmaschinen erfunden, hier sorgten Wasserkraft und Dampf für ihren Antrieb. Auf dem Festland mußten erst durch einen von allen Behinderungen befreiten Markt und durch die Beseitigung der Schranken kleiner Herrschaftsgebiete sowie den Ausbau des Verkehrswesens die Voraussetzungen für die Ausbreitung der kapitalistischen Produktionsweise geschaffen werden.

Vor der Erfindung der Eisenbahn erfolgte der gesamte Warenversand zu Lande auf Saumpferden und Lastwagen. Die Verwendung der Lastwagen war jedoch auf wenige Kunststraßen

[6] Gerhart Baron, *Der Beginn,* Linz 1971, S. 227 ff.

[7] A. a. O., S. 45 f.

beschränkt, die zudem oft in sehr schlechtem Zustand waren. Saumtiere und von Pferden gezogene Lastwagen konnten aber nur verhältnismäßig wenig Fracht befördern, und die Transportkosten waren daher außerordentlich hoch. Die Beförderung von Massengütern (Getreide, Holz, Kohle, Erze) war deshalb nur auf dem weitaus billigeren Wasserweg möglich.

Die Anfänge des modernen Straßenbaus fallen in Frankreich in die zweite Hälfte des 17. Jahrhunderts; in den anderen europäischen Ländern wurden im 18. Jahrhundert die ersten Kunststraßen erreichtet, darunter auch Alpenstraßen über den Arlberg und den Semmering. Schließlich trieb auch Napoleon aus strategischen Gründen den Bau von Kunststraßen in ganz Europa voran.

Nach der Erfindung der Eisenbahn kam der Straßenbau vorübergehend zum Stillstand, und erst der Ausbau des Eisenbahnnetzes machte ein Netz von Zufahrtsstraßen notwendig.

Das Heimatland der Eisenbahn war England, 1825 baute George Stephenson eine Dampfeisenbahn, die zwischen Stockton und Darlington den Kohlentransport besorgte. Die erste dem Personenverkehr dienende Bahn entstand 1830 zwischen Manchester und Liverpool. 1843 gab es in England bereits 3000 Kilometer Eisenbahnlinien, die von Privatgesellschaften betrieben wurden. Das Parlament kümmerte sich weder um den Bau noch um die Profite der Eisenbahngesellschaften.

Das europäische Festland folgte zögernd, 1837 wurde mit dem Bau der Strecke Leipzig–Dresden begonnen, die 1839 dem Verkehr übergeben wurde. Österreich besaß seit 1825 eine Pferdebahn, die dem Salztransport von Gmunden nach Budweis diente. 1839 wurde die erste mit Dampf betriebene Strecke zwischen Wien und Wagram eröffnet, die bereits ein Jahr später bis Brünn und 1841 bis Olmütz verlängert wurde. Drei Jahre später wurden die Linien Prag–Olmütz und Mürzzuschlag–Graz dem Verkehr übergeben. In der Schweiz wurde die erste Bahnstrecke 1847 errichtet.[8]

Der Ausbau des Eisenbahnnetzes befruchtete den europäischen Handel. Von nun ab war der Versand von Massengütern auf relativ billige Weise möglich. Das war die Voraussetzung für die Entstehung von Großindustrien.

Die Eisenbahnen hatten aber auch auf die geistige Entwicklung starken Einfluß: sie sprengten die dörfliche und kleinstädtische Abgeschlossenheit, erweiterten den Gesichtskreis der Menschen, da sie das Reisen erleichterten, und stärkten schließlich auch das Nationalgefühl, da sie die Bewohner der verschiedenen Landesteile einander näherbrachten.

Langsame Entwicklung

Bis zum Beginn des 19. Jahrhunderts war außerhalb Englands von der kommenden industriellen Umwälzung noch wenig zu sehen. Noch herrschten Manufaktur und Hauswirtschaft vor. Die Betriebe waren klein, und solche mit mehr als fünfzig Arbeitern gab es auf dem Festland nur wenige. Selbst in der Textil- und der Schwerindustrie waren die Betriebe vorwiegend handwerksmäßig aufgebaut, und Kraft- und Arbeitsmaschinen waren eine Seltenheit.

Die bescheidene Manufakturindustrie war auf wenige Gewerbe beschränkt. Im Vordergrund standen Textil- und Schwerindustrie, die Erzeugung von Kunst- und Luxuswaren (Porzellan-, Glas-, Papierwaren, Gobelinweberei) und die Bierbrauerei. Weit bedeutender als die Manufaktur war die Hausindustrie. Sie beherrschte drei Viertel der Textilwarenerzeugung, aber auch viele andere Produktionszweige, wie zum Beispiel Lederwaren, Drechslerwaren, Flechtarbeiten, Sensen, Messer, Scheren, Nägel usw.

Die Fabriken gewannen nur langsam an Boden, und erst ab den dreißiger Jahren des vorigen Jahrhunderts drangen die Großbetriebe auf dem Festland stärker vor. Zur Gruppe der frühen Großindustrie gehörten vor allem die Tabakverarbeitung, die Porzellanfabrikation, die Schokoladenerzeugung, die Zuckerindustrie, die chemische Industrie, die Maschinenindustrie und die Zündholzerzeugung. Die Entwicklung der Großbetriebe wurde vor allem durch neue Erfindungen beschleunigt.

Ein Modellfall für die langsame industrielle Entwicklung auf dem Kontinent ist die Buchbinderei. Bereits im 16. Jahrhundert hatte Anton Coburger in Nürnberg eine Bücherfabrik errichtet, aus Kapitalmangel wurde das Buchbinden aber weiterhin handwerklich durchgeführt. Es kam sogar dahin, daß der Verleger nach dem Druck nicht mehr in Serie binden ließ, sondern in Lagen mit Pappumschlägen losschlug, so daß der einzelne Buchhändler oder Käufer den haltbaren Einband beim Buchbinder einzeln bestellen mußte.

So blieb es bis in die vierziger Jahre des vorigen Jahrhunderts. Die Innung achtete darauf, daß nicht mehr Lehrlinge ausgebildet wurden, als später im Meisterstand auf ein sicheres Brot rechnen konnten. Die Leipziger Innung lehnte noch 1845 die Errichtung einer fabrikmäßigen Buchbinderei durch einen Kaufmann ausdrücklich ab, wie Gerhard Beier in seiner Geschichte des Buchdruckerwesens berichtet.[9]

Nachdem in England ein neuer Werkstoff, die Buchbinderleinwand, das »Kaliko«, ein billiger Ledererersatz, eingeführt wurde, konnten große Auflagen mit einem gleichmäßigen und stabilen Einband versehen werden. Die entsprechenden Bindemaschinen waren bald erfunden, und 1866 errichtete die Firma Sperling in Berlin die erste deutsche »Dampfbuchbinderei«.

[8] Dr. Robert Endress, *Geschichte Europas und des Kontinents*, 3. Band, Wien 1952, S. 319 f.

[9] Gerhard Beier, *Schwarze Kunst und Klassenkampf*, Band I, Frankfurt a. M. 1966, S. 72 f.

Österreich hinkt nach

Österreich blieb in seiner wirtschaftlichen Entwicklung weit hinter Westeuropa zurück. Das erklärt sich zum Teil daraus, daß die österreichisch-ungarische Monarchie abseits der großen atlantischen Handelsstraße lag, zum anderen Teil aus der kulturellen Rückständigkeit der ungarischen und polnischen Kronländer; es lag aber auch an dem Regierungssystem, das jede Art von Fortschritt von der Monarchie fernhalten wollte. Erst Joseph II. hob 1781 die Leibeigenschaft auf, sorgte für den Ausbau des Schulwesens und begünstigte durch Schutzzölle die Entwicklung der österreichischen Wirtschaft.

In den Grenzgebieten Nordböhmens und in Niederösterreich wurde allerdings die alte Hauswirtschaft früher zerstört. Im 17. und 18. Jahrhundert entstand dort die kapitalistische Hausindustrie, die zunächst von den Bauern als Nebenverdienst in den Wintermonaten betrieben, dann aber zum Haupterwerb wurde. Handspinner und -weber, Holzschnitzer, Messer- und Nagelschmiede waren zu Tausenden im Dienst der kapitalistischen Verleger tätig. Neben dieser Hausindustrie bestanden die Manufakturen, die Eisenhämmer, Porzellanfabriken, Papiermühlen, Teppich-, Baumwoll- und Seidenwebereien. Da die Manufaktur als Triebkraft Wasser und Wind verwendete, war sie oft am Ausgang der Alpentäler, im Ybbstal, Traisen-, Erlauf-, Mürz-, Krems- und Steyrtal, angesiedelt.

Mit der Anwendung von Arbeitsmaschinen ging die Baumwollweberei und -spinnerei voran, dann folgte die Leinenindustrie, zuletzt die Wollverarbeitung. Dampfmaschinen wurden zuerst in der Textilindustrie verwendet, aber erst in den vierziger Jahren des vorigen Jahrhunderts konnte die Dampfmaschine die alten Wasserräder verdrängen – 1842 gab es nur 231 Dampfmaschinen mit insgesamt 2938 PS, zehn Jahre später 671 Maschinen mit 9127 PS.[10] Auch die Schwerindustrie ging in den vierziger Jahren zum Dampfbetrieb und zur Verwendung von Steinkohle statt Holzkohle über. Eingang fand die Maschine auch in die landwirtschaftlichen Großbetriebe; so entstanden ab 1828 Zuckerfabriken in Böhmen, die Spiritusbrennereien, Dampfmühlen, Dampfsägen und Ölfabriken. Die Papierfabriken und die Buchdruckereien gingen ab den dreißiger Jahren zum fabrikmäßigen Betrieb über. Die meisten Maschinen mußten jedoch aus England eingeführt werden, weil es in Österreich nur wenige Maschinenfabriken gab.

Die industrielle Entwicklung Österreichs vollzog sich ohne wesentliche Förderung der Regierung, die sich darauf beschränkte, die heimische Produktion durch hohe Zölle zu schützen. Der Handel war wenig entwickelt. Österreich besaß einen einzigen größeren Seehafen, Triest, der weit entfernt von den Welthandelsstraßen und von den industriellen Mittelpunkten des Kaiserreichs lag. Von Nachteil war auch, daß die Donau in ein Binnenmeer mündet und zudem durch Länder fließt, deren Wirtschaftsentwicklung noch in den Kinderschuhen steckte.

Um die Landwirtschaft kümmerte sich die Regierung nach dem Tode Josephs II. nicht mehr. Neue Arbeitsmethoden fanden höchstens auf den Gütern der böhmischen Gutsherren Eingang. Die Bauern blieben bei der Dreifelderwirtschaft und der nach Altväterweise betriebenen Viehzucht. Es blieben auch die feudalen Bindungen, die Polizei- und Gerichtshoheit des Gutsherrn, die Abgaben und Frondienste, die feudalen Bannrechte wie Mühlen- und Backofenbann und der Flurzwang weiter bestehen.[11]

Industrieproletariat

Im Laufe der Zeit sorgte der steigende Bevölkerungszuwachs für eine Zunahme der Arbeitskräfte. Während um 650 in Europa etwa 18 Millionen Menschen lebten, um das Jahr 1000 etwa 38,5 Millionen, im 14. Jahrhundert 73,5 Millionen, schnellte ihre Zahl bis zum Jahre 1900 auf 423 Millionen hinauf.

Allein in Großbritannien, dem Mutterland der Industrie, verdreifachte sich die Bevölkerung zwischen 1750 und 1850. Es wäre aber falsch, diese Entwicklung einseitig zu sehen, denn die Sterblichkeit war im neu entstandenen Proletariat sehr hoch. So betrug die mittlere Lebenserwartung von Neugeborenen in Deutschland 1885 noch immer 37,5 Jahre für männliche und 38,5 Jahre für weibliche Personen.

Die Ursache der Volksvermehrung war eine zunehmende Ergiebigkeit der Landwirtschaft, die durch eine Verbesserung der Agrartechnik mehr Lebensmittel produzierte, sowie die erfolgreiche Bekämpfung der Seuchen, die vorher Millionen Menschen dahingerafft hatten, durch medizinische Erkenntnisse und Besserung der hygienischen Verhältnisse. Die überschüssige Landbevölkerung wanderte in die wachsenden Städte ab. Zu Beginn des 19. Jahrhunderts hatten bereits siebzehn Städte in Europa die Zahl von 100.000 Einwohnern erreicht oder überschritten. Diese Städte waren entweder Hauptstädte großer Herrschaftsgebiete oder Hafen- und Handelsplätze. Nur in England gab es damals schon reine Industriestädte, die als Großstädte anzusprechen waren, wie zum Beispiel Birmingham, Glasgow, Manchester, Leeds und Sheffield.

Das große Angebot an Arbeitskräften verschärfte aber besonders die Notlage der Arbeiterschaft. Da der Lohn kaum die einfachsten Lebenshaltungskosten deckte und nur für Schwarzbrot, Erdäpfel und Pferdefleisch reichte, gab es keine Rücklagen für noch schlechtere Zeiten. Die notwendigen Anschaffungen für Kleider und Schuhe und die Bezahlung der Miete für ein Elendsquartier stellte immer

[10] Endres, a. a. O., S. 437.

[11] A. a. O., S. 438.

wieder das Budget eines Arbeiterhaushaltes vor fast unlösbare Probleme. Frauen und Kinder waren daher zur Arbeit gezwungen.

Wie es um die Mitte des 19. Jahrhunderts um die Wohnungsnot in Wien bestellt war, beschrieb ein Zeitgenosse:

»Das Gefühl der Seßhaftigkeit ist im Laufe der letzten Jahre ... gänzlich abhanden gekommen ... Von einer Wohnung kann ... kaum mehr die Rede sein, höchstens von einem temporären Obdach, von steinernen Zelten, welche beständig ihre Besitzer wechseln ... So geht ein Zug der Unruhe und Verängstigung durch die ganze Bewohnerschaft ...; ein flüchtiges Nomadentum tritt an die Stelle einer ruhigen, angemessenen bürgerlichen Existenz, und die Metropole ... beherbergt in ihren Mauern eine ewig wandernde, sich gewaltsam drängende und stoßende Bevölkerung, (die) voll Mißmut über die Unsicherheit ihres häuslichen Lebens ... immer mehr das Gefühl für die Anhänglichkeit an den heimatlichen Boden ... verlieren und den gesunden Sinn für die Ordnung und Ruhe einbüßen muß.«[12]

Die Behandlung in den Fabriken glich anfangs der in Zuchthäusern. Der Stock spielte eine große Rolle und wurde nicht bloß gegen Kinder und Jugendliche, sondern auch gegen erwachsene Arbeiter angewendet. Zur materiellen Not gesellte sich die geistige, hervorgerufen durch die Eintönigkeit der Arbeit an der Maschine und die Aussichtslosigkeit, je aus diesem tristen Leben herauszukommen.

Kinderarbeit

Die übelste Erscheinung der frühkapitalistischen Entwicklung war die *Kinderarbeit.* 1832 wurden in England die ersten Kinder- und Jugendschutzbestimmungen erlassen. Bis dahin konnten auch Kinder unter zehn Jahren beschäftigt werden. Aber noch 1835 waren in der Baumwollindustrie von allen Beschäftigten 13 Prozent Kinder unter vierzehn Jahren, etwa 25 bis 30 Prozent Jugendliche zwischen vierzehn und achtzehn Jahren. Frauen und Mädchen machten fast die Hälfte aller Arbeiter in dieser Branche aus. Vor 1820 war es in England üblich, daß Waisenhäuser unter dem Vorwand der Ausbildung Kinder für Fabriken vertragsmäßig »für Unterkunft und Verpflegung« zur Verfügung stellten. Von Ausbildung war jedoch keine Rede. Die Kinder verrichteten meistens bei den Spinnmaschinen die Arbeit der Feger und Knüpfer, sie besorgten die Entfernung des Abfalls und die Anknüpfung gerissener Fäden, dazu mußten sie unter dem Spindelwagen der Maschinen täglich 14 bis 15 Stunden überwiegend in der Hocke herumkriechen.

Diese Arbeit, von vielen kritischen Zeitgenossen als Kindersklaverei bezeichnet, trug viel dazu bei, daß die Baumwollfabriken in den Ruf gerieten, eine neue Art von Kerker zu sein. Auch wenn die Kinderarbeit in keinem anderen Industriezweig so hoch war, war sie doch ein fester Bestandteil auch in anderen Branchen, zum Beispiel in der Eisenwarenerzeugung und besonders im Kohlenbergbau. Hier mußten Frauen und Kinder für einen Hungerlohn Arbeiten leisten, die an physischer Anstrengung, Gefährlichkeit und Gesundheitsschädigung kaum noch zu überbieten waren.[13]

In Preußen wurde 1839 die Arbeit in Fabriken, Berg-, Hütten- und Pochwerken für Kinder unter neun Jahren verboten, nachdem die Musterungsbehörden festgestellt hatten, daß ein Großteil der Rekruten für den Militärdienst untauglich war. Außerdem durften Jugendliche bis zu sechzehn Jahren in diesen Betrieben nur beschäftigt werden, wenn sie einen mindestens dreijährigen Schulbesuch hinter sich hatten. Sie konnten in diesem Falle zehn Stunden täglich, ausnahmsweise auch länger, beschäftigt werden. Das war jahrelang in den deutschen Ländern der einzige gesetzliche Schritt zur Einschränkung der Kinderarbeit.

Schlimmer noch war es in den wirtschaftlich rückständigen Gebieten der preußischen Monarchie bestellt. So berichtete der *Pionier,* eine in Hamburg erscheinende Gewerkschaftszeitung, 1877 über die Lage in der schlesischen Glasindustrie:

»Nach den Untersuchungen des schlesischen Fabrikinspektors bestanden die Arbeiter der Glashütten größtenteils noch jetzt aus Kindern. Von 2085 Glasarbeitern in 45 schlesischen Glashütten waren im Jahre 1876/77 1387 oder 66,5 Prozent über sechzehn Jahre, 312 oder 15 Prozent zwischen vierzehn und sechzehn Jahren, 386 oder 18,5 Prozent unter vierzehn Jahren. Von den vorhandenen eigentlichen Glasmachern befragte der Fabrikinspektor von Schlesien über 411 Arbeiter über die Arbeit in ihrer Jugend und machte dabei folgende Ermittlungen: 5 Arbeiter mußten bereits mit fünf Jahren arbeiten, 14 Arbeiter mit sechs Jahren, 31 Arbeiter mit sieben Jahren, 45 Arbeiter mit acht Jahren, 33 Arbeiter mit neun Jahren, 79 Arbeiter mit zehn Jahren, 34 Arbeiter mit elf Jahren, 33 mit zwölf Jahren und 50 Arbeiter mit dreizehn Jahren ... sämtliche Arbeiter mußten mithin im Durchschnitt noch vor vollendetem elftem Jahre auf die Hütte ...«

Von vier in Köln ansässigen Industriezweigen, die Kinder beschäftigten, wird berichtet, daß im Jahre 1847 rund 50 Prozent der dort Beschäftigten Kinder waren. Wahrscheinlich war der Anteil in Wirklichkeit noch höher, da die Angaben von den Fabrikanten selbst stammten.[14]

Als erste österreichische Verwaltungsbehörde bemühte sich das Vorarlberger Kreisamt bereits um 1830, den ärgsten Auswüchsen des Fabrikswesens entgegenzuwirken. Eine vom

[12] B. Friedmann, *Die Wohnungsnot in Wien,* Wien 1857, zitiert nach Engel, *Die moderne Wohnungsnot,* Leipzig 1873, S. 6, aus Franz Brüggemeier, *Soziale Vagabunden oder revolutionäre Helden?,* in: *Gewerkschaftliche Monatshefte,* Köln 11/80, S. 728.

[13] *Geschichte der Arbeit,* S. 208.

[14] *Fünfundsiebzig Jahre Industriegewerkschaft, 1891 bis 1966,* Frankfurt am Main 1966, S. 15 f.

Kreisamt angeordnete Untersuchung der Schulverhältnisse enthüllte trostlose Zustände. Die damals nur zu einem drei- bis vierjährigen Schulbesuch verpflichteten Kinder waren zum Großteil in Fabriken beschäftigt und durch triste Arbeitsbedingungen gesundheitlich schwer gefährdet. Am 9. Jänner 1834 erließ das Bregenzer Kreisamt eine Verordnung, die unter anderem vorsah, daß kein Kind ohne Absolvierung der mindestens vierjährigen Schulpflicht in der Fabrik arbeiten dürfe, für Knaben sollte ein Mindestalter von zwölf, für Mädchen ein solches von zehn Jahren für die Fabriksarbeit gelten. Die Fabriksbesitzer wurden mit Geldstrafen bedroht, wenn sie Kinder zur Arbeit aufnahmen, ohne daß der Pfarrer und der Gemeindevorsteher eine Bestätigung über diese Fakten gegeben hatten.

Es zeigte sich jedoch bald, daß die Fabrikanten die Verordnung des Kreisamtes nicht befolgten; sie wurden deshalb verpflichtet, laufend den Landgerichten Bestätigungen vorzulegen, die von den Landgerichtsbeamten auf ihre Richtigkeit überprüft wurden.

1837 wandte sich das Kreisamt an das Innsbrucker Gubernium mit einem Bericht über den schlechten Gesundheitszustand der Arbeiter und führte als Ursache vier Hauptpunkte an:

1. Die übermäßig lange Arbeitszeit (im Sommer von 5.30 bis 19.30 Uhr, im Winter von 6 bis 20 Uhr, mit einstündiger Mittagspause; in vielen Spinnereien wurde zeitweise noch länger gearbeitet);
2. die schlechte Atmosphäre in den Fabriksräumen;
3. die schlechte Ernährung;
4. die zum Teil in der Natur der Beschäftigung liegende Unreinlichkeit.

Zur Abschaffung dieser vier wichtigsten Mißstände brachte das Kreisamt eine Reihe von Vorschlägen ein, doch hielt man eine Reduzierung der Arbeitszeit für die Kinder allein für unmöglich, weil ohne die Tätigkeit der Kinder der Arbeitsprozeß in den Baumwollbetrieben auch für die übrigen Arbeiter undurchführbar wäre. Eine Beschränkung der Kinderarbeitszeit hätte zur Folge, daß »die Arbeit in den Fabriken stark verteuert werde und die Kinder ihren Lohn verlieren«. Anderseits konstatierte das Kreisamt: »Mehr als zwölf Stunden kann man nicht gestatten, es ist dies die äußerste Grenze, über welche hinaus man nach dem Urtheile der Ärzte die Kräfte der Kinder nicht anstrengen darf, ohne in ihnen den Keim eines frühen Siechthums zu erzeugen.«

Das Tiroler Gubernium war zwar über die bereits getroffenen Anordnungen auf dem Gebiet der Erziehung befriedigt, wies aber das Kreisamt an, alle übrigen Fragen im gütlichen Einvernehmen mit den Fabriksbesitzern zu regeln.[15]

Selbstdarstellungen von Arbeitern, Memoiren von Unternehmern und das sozialkritische Schrifttum über das Fabrikswesen geben Zeugnis davon,

»daß die körperliche Züchtigung der Kinder das allgemein verbreitete Mittel zur Erzeugung von Furcht und somit zur Einhaltung der Arbeitsdisziplin gewesen ist. Prügel, Schläge und Fußtritte dienten hauptsächlich dazu, die in einer bis vierzehnstündigen Arbeitsschicht erheblich nachlassende Aufmerksamkeit der bei den Spinnmaschinen arbeitenden Kinder im eigensten Sinn des Wortes aufzupeitschen beziehungsweise die ihnen eigene Verspieltheit auszutreiben. Auch wenn die persönliche Veranlagung des einzelnen, die Abneigung gegen oder der Hang zur Brutalität eine gewisse Rolle spielen konnten, war diese Maßnahme schließlich nur eine Konsequenz der in den Fabriken vorherrschenden Arbeitsbedingungen. Ein System, das Kindern um zehn Jahren eine vierzehnstündige Arbeitszeit in überhitzten und schlecht gelüfteten Räumen zumutete, »konnte ohne körperliche Züchtigung nicht aufrechterhalten werden. Die meisten Aufseher trugen offen starke Lederriemen, und wir haben oft gesehen' – schrieb Dale Owen über die Zeit um 1815 – ,wie auch die jüngsten Kinder brutal geschlagen wurden'. Einige aufrichtige Fabriksbesitzer berichteten der Untersuchungskommission in den 1830er Jahren dasselbe: wo es ohne Prügel geht, ziehen sie Geldstrafen vor, aber bei Kindern ziehen Geldstrafen nicht, ,sie halten die Jungen nicht bei der Arbeit'. Also wurden sie geschlagen: ,Wir schlagen' – berichtete Samuel Miller, Manager aus Nottingham – ,nur die Kleineren bis zu dreizehn oder vierzehn Jahren . . . Wir benutzen einen Riemen . . .' (Pollard). Strafen, Züchtigung, Entlassung: dies waren die wichtigsten Maßnahmen, den ersten Generationen der Fabriksarbeiter den ,Schlendrian' auszutreiben.«[16]

»Disziplinierung« der Arbeit

Für den Einsatz der Maschinen waren weitaus höhere Investitionen erforderlich als früher für das Handwerk. Je leistungsfähiger die Maschinen wurden, desto teurer waren sie auch. Damit sich die Kapitalanlage rentierte, mußte möglichst viel und laufend produziert werden, die Maschinen mußten also Tag und Nacht laufen – sofern der Absatz gegeben war. Stockte dieser, waren die Lager voll, so wurden die Maschinen gestoppt und die Arbeitskräfte »freigesetzt«.

Der große Kapitaleinsatz bedingte, daß der Arbeiter entsprechende Leistungen an der Maschine erbringen mußte. Die Maschine bestimmte auch das Tempo. Für die aus der Landwirtschaft und dem Handwerk kommenden Arbeiter war die Tätigkeit an der Maschine vorerst ungewohnt. Sie mußten erst an die für die Fabrikarbeit erforderlichen Verhaltensweisen gewöhnt werden:

[15] Manfred Scheuch, *Kinderarbeit in Vorarlberg*, zitiert im AZ-Journal Nr. 37/81, S. VIII f.

[16] *Geschichte der Arbeit*, S. 214.

Der für diesen Gewöhnungsprozeß gebräuchliche Fachausdruck der Disziplinierung trifft das Wesentliche dieses Prozesses: Gewöhnung an Gehorsam, an Unterordnung, Einfügung in ein System der Produktion, dessen wesentlichstes Merkmal regelmäßig und pünktlich beginnende und weniger pünktlich endende lange Arbeitszeiten, sowie eine für die gesamte Arbeitszeit erforderte hohe Arbeitsintensität waren. Merkmale also, die für die heutige Arbeitswelt als selbstverständliche Voraussetzung für einen Arbeitsplatz in jedem Betrieb gelten, die aber damals ... im krassen Widerspruch zu den Arbeitsgewohnheiten des größten Teils der Industriearbeiter (Handwerker, Heimarbeiter) standen. Was sie beim Eintritt in die Fabriksarbeit an Verhaltensweisen mitbrachten, waren für den Unternehmer eine ‚unmethodische Arbeitsweise' und ‚schlampige Arbeitsgewohnheiten', wie es einer der ersten Fabrikanten, R. Arkwright, ausgedrückt haben soll.«[17]

Die Fabriksordnungen konnten knapp gehalten werden, da durch die Maschine der Arbeitsrhythmus und der Arbeitsinhalt vorgegeben waren. Die Vorschriften liefen darauf hinaus, daß die Arbeitskräfte pünktlich zur Arbeit erscheinen und über die gesamte Arbeitszeit hinweg die Arbeit genau und ständig verrichten mußten. Einheitliche Arbeitszeit und Kontrolle der Arbeitsleistung im Verlauf der Arbeitszeit waren die wesentlichsten Erfordernisse der Betriebsdisziplin.

»Im Grunde genommen mußte also der Arbeiter erzogen werden, und wie man in anderen Bereichen (Schule, Militär) mehr der Strafe als der Belohnung zugeneigt war, so überwog auch bei der Disziplinierung der Fabriksarbeiter die Anwendung der ‚Peitsche' die Verabreichung des ‚Zuckerbrotes'. Die Strafen umfaßten Lohnabzüge nach einem festgesetzten Bußgeldkatalog, Aussperrungen und Entlassungen sowie körperliche Züchtigungen hauptsächlich bei Kindern. Zur Entlassung gesellten sich als Einschüchterungsmittel für besonders aufsässige und unfügsame Arbeiter die ‚schwarzen Listen' der Fabrikanten. Die auf diese Listen kamen, klopften vergebens in der weiteren Umgebung ihres Wohnortes an den Fabrikstoren an, für sie gab es keine Arbeit.«[18]

Um dem pünktlichen Erscheinen am Arbeitsplatz mehr Nachdruck zu verleihen, wurden in vielen Fabriken nach dem Einlaß der Arbeiter die Fabrikstore geschlossen. Spätankömmlinge mußten nicht nur eine Geldbuße zahlen, sondern auch auf den Taglohn verzichten. Bei Überschreitung der Fabriksdisziplin konnte leicht mit Entlassung vorgegangen werden, da genügend Arbeitskräfte zur Verfügung standen und eine besondere Qualifikation noch nicht erforderlich war.

Der entscheidende Antrieb zur »Disziplinierung«, zur Einordnung in das System der Fabriksarbeit, war aber die *Entlohnung,* der von den Unternehmern gebotene Anreiz, durch Steigerung der Leistung mehr zu verdienen, um dadurch den geringen Lebensstandard etwas zu verbessern.

»Alles in allem dauerte es etwa zwei bis drei Generationen, bis es gelungen war, die neue Zeitökonomie, das ‚Zeit-ist-Geld'-Prinzip den Fabriksarbeitern einzubleuen und das pünktliche Erscheinen am Arbeitsplatz, das regelmäßige Arbeiten in der gesamten Arbeitszeit, die Unterordnung unter den Rhythmus der maschinellen Produktion, den Verzicht auf eigene Gestaltung der Arbeitszeit im Bewußtsein der Arbeiter als Norm zu verankern, das heißt die neuen Verhaltensweisen und Arbeitsgewohnheiten zu internalisieren.«[19]

Maschinenstürmer und Klassenkämpfer

Das Proletariat fühlte zunächst nur seine Not, wußte aber keinen Ausweg, der Bedrängnis zu entgehen. Die Religionsgemeinschaften vertrösteten die Menschen, daß sie für die Leiden auf dieser Erde im Jenseits belohnt werden würden. Erst ab Beginn der Mitte des vorigen Jahrhunderts legten Karl Marx und Friedrich Engels das Wesen der kapitalistischen Entwicklung bloß und zeigten dem Proletariat einen Ausweg aus seiner Notlage.

Zuerst sah der Mensch in der Maschine seinen Feind. Sein Haß wandte sich gegen diese phantastischen Gebilde, die die Bande, die ihn mit der Arbeit verknüpften, zerrissen, ihn in große Fabriken zwangen und die Familienbande lockerten. Die Arbeiter zerstörten im ersten Aufwallen des Hasses die Maschinen, sie wurden zu Maschinenstürmern.

Was die Arbeiter bewegte, zeigte sich in den Märztagen des Revolutionsjahres 1848 in Wien. Der Arbeiterschaft kam es ausschließlich auf die Verbesserung ihrer Lebensverhältnisse an. Weil die bestehenden politischen Machtverhältnisse der Erreichung dieses Zieles entgegenstanden, griffen sie, da sie keinen anderen Ausweg wußten, zur Gewalt. Ohne eigene Führer und ohne eigene Organisationen mundtot und führungslos, zerstörten sie gleich in der ersten Revolutionsnacht Maschinen und brannten Fabriksgebäude nieder. Die Feuerröte über den Wiener Vororten war ein Ausdruck der aufgestauten Rachegefühle. Die bürgerlichen Revolutionäre brauchten die Arbeitermassen zur Durchsetzung ihrer Ziele; der eingesetzte »Sicherheitsausschuß« anerkannte »das Recht des einzelnen auf Arbeit« und bestimmte, »falls dies unmöglich wäre, ihnen den gewöhnlichen Taglohn auch ohne Arbeit zu geben«.

Bald jedoch verhärteten sich die Gegensätze zwischen dem Bürgertum und der Arbeiterschaft, und am 31. Oktober 1848 zogen die kaiser-

[17] A. a. O., S. 210 f.
[18] A. a. O., S. 210 ff.
[19] A. a. O., S. 214.

lichen Truppen in Wien ein und beendeten die Revolution.

Diese Revolution von 1848 brachte den Arbeitern keine bleibenden Errungenschaften. Lohnerhöhungen und Arbeitszeitverkürzungen, die sie da und dort erreicht hatten, wurden von den Unternehmern bald wieder rückgängig gemacht. Verzweifelt über ihre schlechte materielle Lage, griffen die Arbeiter immer wieder zum Mittel des Streiks. So gab es zum Beispiel 1850 beim Bau der Semmeringbahn wegen der zu hohen Lebensmittelpreise und der schlechten Qualität der Lebensmittel »Arbeiterexzesse«, zu deren Unterdrückung Militär eingesetzt wurde. Das Allheilmittel, die »Arbeitsdisziplin« wiederherzustellen, war der Einsatz von Polizei und Militär. Nur langsam setzte sich auch bei den leitenden Regierungsstellen die Erkenntnis durch, daß man der Ursache der Unruhen nachgehen und krasse Mißstände abstellen müsse. Insbesondere die Arbeitslosigkeit war so groß, daß man sich selbst höherenorts mit Maßnahmen gegen dieses soziale Übel zu beschäftigen begann.

Erst 1867 brachten in Österreich die Staatsgrundgesetze das Recht auf die Bildung von Vereinen und die Abhaltung von Versammlungen, und 1870 ermöglichte die Erlassung des Koalitionsrechtes die Bildung von *Gewerkschaften.* Nicht nur im Habsburgerreich, sondern überall in Europa schlossen sich die Arbeiter in Gewerkschaften und politischen Parteien zusammen, soziale Schutzgesetze wirkten der ärgsten Ausbeutung entgegen.

Im Jahre 1884 wurde in Österreich für den Bergbau unter Tag der zehnstündige Arbeitstag und 1885 der elfstündige Arbeitstag für fabrikmäßige Betriebe verordnet, des weiteren wurde 1885 die Fabriksarbeit von Kindern bis zu vierzehn Jahren verboten, Jugendliche bis zu sechzehn Jahren durften nicht mehr zu schweren Arbeiten, Frauen und Jugendliche nicht mehr zur Nachtarbeit herangezogen werden.

Es waren aber nicht nur humanitäre Gründe, die in ganz Europa zu sozialen Maßnahmen führten. Der körperlichen und geistigen Degeneration der Fabriksarbeiter entgegenzuwirken, lag im Interesse des Staates. Die stete Abnahme der Arbeitsfähigkeit zwang ihn, im Interesse der Wirtschaft und der militärischen Schlagkraft Vorkehrungen zu treffen. Vor allem den Militärkreisen war an der Erhaltung der Wehrtüchtigkeit der männlichen Bevölkerung gelegen, denn durch die Notlage der industriellen Arbeiterschaft nahm die Zahl der Untauglichen rasch zu.

Sozialpolitik statt Totenbeschreibung

Wie notwendig Schutzgesetze insbesondere auch gegen die Ausbreitung von Berufskrankheiten waren, zeigt eine Statistik des Wiener *Totenbeschreibeamtes* über verstorbene Buchdrucker und Schriftgießer in den Jahren 1850 bis 1868. Diese Berufsgruppen waren besonders durch Bleivergiftungen gefährdet. Bis zum 25. Lebensjahr starben mehr als ein Drittel der Setzer (37,5 Prozent), ein Viertel der Drucker (24,9 Prozent) und ein Fünftel der Gießer (20,7 Prozent). Bis zum 40. Jahre starben drei Viertel der Setzer (74,1 Prozent), mehr als die Hälfte der Drucker (53,0 Prozent) und fast zwei Drittel der Gießer (64,2 Prozent). Die Gießer wurden in jungen Jahren nicht so stark dezimiert, starben aber nach dem 26. Lebensjahr rascher als die Angehörigen der anderen Berufe. Die Gießer übertrafen bis zum 50. Lebensjahr mit 85,1 Prozent der Verstorbenen sogar die Setzer.[20]

Die Sozialgesetzgebung wurde anfangs durch Ausnahmebestimmungen durchlöchert, oder ihre Vorschriften wurden einfach nicht eingehalten. Erst in dem Ausmaß als die Arbeiterbewegung an Stärke und Bedeutung gewann, konnten die Bestimmungen insbesondere durch den Ausbau der Gewerbeinspektion kontrolliert werden.

Zu Beginn des 20. Jahrhunderts war die Arbeiterschaft nicht mehr die gleiche wie ein halbes Jahrhundert zuvor. Als im Jahre 1847 ein in London abgehaltener Arbeiterkongreß Karl Marx und Friedrich Engels beauftragte, ein für die Öffentlichkeit bestimmtes Programm auszuarbeiten, das Anfang 1848 als *Kommunistisches Manifest* erschien, war die Arbeiterklasse verelendet und ausgebeutet und sich kaum ihrer Kraft bewußt. Fünfzig Jahre später erwies sich die trostlose und pessimistische Prophezeiung des *Manifests:* ». . . Der moderne Arbeiter, statt sich mit dem Fortschritt der Industrie zu heben, sinkt immer tiefer unter die Bedingungen seiner eigenen Klasse herab. Der Arbeiter wird zum Pauper (Armen) und der Pauperismus (stetige Zunahme der Massenarmut) entwickelt sich noch schneller als Bevölkerung und Reichtum . . .«, als unzutreffend.

Die geschichtliche Bedeutung des *Kommunistischen Manifests* lag darin, daß es die Tendenz aufzeigte, die dem Kapitalismus innewohnt, und in flammenden Worten die Arbeiter aufrief, sich zur Abwehr und zum Kampfe für ihre Befreiung zu vereinigen. Die Gewerkschaften und die Arbeiterparteien waren die Bollwerke des unaufhaltsamen Aufstiegs der Arbeiterschaft zu einer besseren Lebenslage und einer menschlichen Gesittung, kurz, zu einem menschenwürdigen Dasein.

Die Blütezeit der industriellen Entwicklung in Mitteleuropa fällt in die zweite Hälfte des vorigen Jahrhunderts. Es war der Triumph eines Gesellschaftssystems, in dem das private Unternehmertum sich in ungezügelter Konkurrenz ungehindert entfalten konnte. Die großindustriellen Unternehmungen produzierten Güter in immer größerer Menge, und der Handel breitete sich über den ganzen Erdball aus. Die imperialistische Politik der Großmächte

[20] Beier, a. a. O., S. 111.

führte zur Ausbeutung der Kolonien in Asien und Afrika.

Aber bereits in der Mitte dieser Entwicklung setzte etwas ein, das ein zeitgenössischer Beobachter als »eine höchst seltsame und in vieler Hinsicht beispiellose Störung und Depression in Handel, Gewerbe und Industrie« schilderte und die Zeitgenossen die »große Depression« nannten. »Ihre bemerkenswerteste Besonderheit«, schrieb dieser Beobachter, »ist ihre Universalität; wodurch sie sowohl Nationen, die in Kriege verwickelt waren, in Mitleidenschaft zieht als auch solche, die Frieden bewahrten; solche, die eine stabile Währung haben . . ., und solche, die keine stabile Währung haben . . .; solche, die in einem System des freien Warenhandels leben, und solche, bei denen der Handel mehr oder weniger eingeschränkt ist.«[21]

Ein Vorspiel des Börsenkrachs des Jahres 1929 und der folgenden Weltwirtschaftskrise in diesem Jahrhundert.

Diese 1873 einsetzende und mehr als zwei Jahrzehnte dauernde Krise beschrieb dieser Beobachter 1889, im selben Jahr, in dem der Gründungskongreß der Zweiten Sozialistischen Internationale in Paris stattfand. Die Erste Internationale wurde 1864 gegründet und hatte eine Lebensdauer von nur acht Jahren.

Aber diese Depression war nur eine Episode. Bis 1914 erlebte der Kapitalismus einen ungeheuren Aufschwung. Immer wiederkehrende wirtschaftliche Rückschläge wurden überwunden, und die Profite stiegen weiter. Die Arbeiterschaft nahm an dem Aufstieg teil, sie konnte Lohnerhöhungen, eine Verkürzung der Arbeitszeit und sozialpolitische Forderungen durchsetzen.

Der Erste Weltkrieg unterbrach jäh diese Aufwärtsentwicklung und führte zu einer Verlagerung des wirtschaftlichen Kräfteverhältnisses. Europa verlor seine Vormachtstellung an die Vereinigten Staaten. Durch die Niederlage im Weltkrieg wurden Deutschland und Österreich zu Schuldnerstaaten. Der Sieg der Kommunisten in Rußland veränderte auch die politischen Kräfteverhältnisse.

Die Kartellierungspolitik der großen Wirtschaftsunternehmen und überzogene Rationalisierungsmaßnahmen brachten insbesondere in Mitteleuropa steigende Arbeitslosigkeit und dadurch sinkende Konsumkraft. Die Abwanderung vom Land in die Stadt hatte einen Mangel an ländlichen Arbeitskräften und eine immer stärkere Verwendung von Maschinen in der Landwirtschaft zur Folge, wodurch die Arbeitslosigkeit vergrößert und die Agrarprodukte verteuert wurden.

Die Angst vor einer Inflation trieb die meisten europäischen Staaten in eine Deflationspolitik. In dem Glauben, daß die Güte einer Währung vom Goldvorrat der Notenbank und einem ausgeglichenen Staatshaushalt abhänge, wurde versucht, die geringen Steuereinnahmen durch Einsparungen im Staatshaushalt auszugleichen. Diese Einsparungsmaßnahmen vor allem auf dem sozialen Sektor ließen die Massenkaufkraft noch weiter absinken. Die Folgen der verfehlten Wirtschaftspolitik wurden nach 1929 durch die *Weltwirtschaftskrise* noch verschärft.

Österreich, nach dem Ende des Ersten Weltkriegs ein Kleinstaat ohne ausreichendes industrielles Hinterland, wurde von einer Dauerkrise heimgesucht, die schließlich durch Bankenzusammenbrüche in den dreißiger Jahren in eine ausweglos scheinende wirtschaftliche und politische Lage führte: Bei einem Gesamtbeschäftigtenstand von 1,433.000 in Gewerbe, Industrie, Handel und Dienstleistungen ohne Landwirtschaft gab es rund 450.000 Arbeitslose, das heißt, fast ein Drittel der Berufstätigen war beschäftigungslos.

Steigende Arbeitslosigkeit und Not führten schließlich 1933 in Deutschland zur Machtübernahme durch die Nationalsozialisten, die 1939 in der Katastrophe des *Zweiten Weltkriegs* endete.

Die Lehren der Zwischenkriegszeit schufen nach 1945 die Grundlagen einer wirtschaftlichen Zusammenarbeit Westeuropas, die eine industrielle Expansion größten Ausmaßes begünstigte. Im Zuge dieser Entwicklung und gestützt auf die Umwandlung der von Hitler in Österreich errichteten Rüstungswerke in verstaatlichte Wirtschaftsunternehmen, wurde unser Land dank der besonnenen Wirtschafts- und Sozialpolitik der Sozialpartner aus einem Agrar- zu einem Industriestaat, der Anfang der siebziger Jahre andere europäische Industriestaaten in seinen Wachstumsraten bereits überholte und die Basis für einen vorher nie gekannten Wohlstand bot.

Der Höhenflug einer internationalen Konjunktur, die sich weltweit vorwiegend des relativ billigen Erdöls als Treibstoff bediente, endete 1973 mit dem Ölembargo und der ersten starken Ölpreiserhöhung. Mit der Suche nach anderen rationellen Energiequellen – unerläßliche Voraussetzung für die industrielle Großproduktion – wurde eine neuen Phase der Entwicklung eingeleitet.

Das industrielle Zeitalter geht zu Ende. Es hat der Welt eine Güterfülle beschert wie nie zuvor eine Epoche in der Menschheitsgeschichte. Aber die riesigen Werkshallen mit emsig schaffenden Arbeitern an den Maschinen werden langsam menschenleer werden. Neue Technologien verbannen den Menschen aus den Fabriksräumen, und Roboter treten an seine Stelle. Manuelle Arbeit, aber auch steuernde Tätigkeiten werden durch die Mikroelektronik in der Industrie, aber auch Verwaltungs- und Büroarbeiten durch Computer im Laufe der nächsten Jahrzehnte immer entbehrlicher werden, in der Arbeitswelt heute in ihrer Tragweite noch unbekannte Veränderungen bringen und so dem Dasein kommender Arbeitergenerationen ein anderes Gepräge geben.

[21] E. J. Hobsbawm, *Die Blütezeit des Kapitals*, München 1975, S. 18.

Augenzeugen

Ein Buch, an dem Hunderte Menschen mitgearbeitet haben, ist – wenn es sich nicht gerade um ein lexikalisches Werk handelt – eher selten. Ausgangspunkt war der Aufruf der Zeitschrift »Solidarität« an ihre Leser, alte Fotoalben nach Aufnahmen durchzusehen, die direkt am Arbeitsplatz entstanden. Das Reizvolle an diesen Amateuraufnahmen ist, daß sie keineswegs in der Absicht entstanden, die Arbeit oder einen Arbeitsvorgang zu dokumentieren. Die Fotografen hatten nichts anderes vor, als ihre Arbeitskollegen im Arbeitsalltag festzuhalten. Die eigentliche Arbeitsatmosphäre gibt nur den – damals sicherlich nicht als besonders attraktiv empfundenen – Hintergrund ab: Kulissen, vor denen sich die Freunde aufgebaut haben.

Heute ist das, was fünftausend bereitwillige Einsender in oft schon sehr ramponiertem Zustand eingeschickt haben, ein Stück Kulturgeschichte der Arbeit. Um diese Geschichte unbestechlich und unmanipuliert wiederzugeben, ging es nur mehr darum, nicht nach künstlerischen, sondern nach typischen Gesichtspunkten vorzugehen. Wobei für jenen, der die Einschätzung der Arbeit nach ihren psychologischen Wurzeln erforscht, der Blickwinkel doppelt interessant ist. Denn auch bei den schmutzigsten und anstrengendsten Arbeiten bleiben die menschlichen Fotoobjekte freundlich, bemühen sich die Fotografen eher um Harmonie als um Abschreckung. Das mag auch Skeptikern zeigen, daß Arbeit doch mehr ist als das bloße Verkaufen menschlicher Arbeitskraft. Daß es starke Bindungen zwischen dem Menschen und seiner Arbeit gibt, auch wenn dieser Mensch energisch und tatkräftig stets bemüht war, die Arbeitsverhältnisse zu vermenschlichen.

Jenen, die Augenzeugen waren, gilt unser herzlicher Dank. Denn sie waren ehrliche Zeugen.

Feldarbeit und Almwirtschaft: Hier wird vor allem im Familienverband gearbeitet. Landarbeiter arbeiten für Kost und Quartier

Feldarbeiter beim Aufrichten der Garben. Mäher: Mehrere Generationen sind nebeneinander tätig. Kinder sind willkommene Hilfskräfte

Einbringen der Ernte, Dreschen mit dem Dreschflegel: Frauen leisten daneben auch die Stallarbeit und die Arbeit in der Küche

Arbeit im Weingarten: Hochkulturen und Maschineneinsatz sind noch unbekannt. Der Arbeitsprozeß läuft händisch ab. Die Begleiterscheinung: ständige Rückenschmerzen

Mechanisierung beim Dreschen: Die Dampfmaschine wird eingesetzt

Die Maschine bringt nicht nur Arbeitserleichterung, sondern strahlt eine ungeheure Faszination aus: Wer eine Maschine besitzt, läßt sie gerne fotografieren

Städtische Gärtner, Arbeiter in einer Gärtnerei: Fachkräfte zeigen das Selbstbewußtsein von Spezialisten

Arbeiter in einer Baumschule
Hopfenpflücker: Kinder werden ganz selbstverständlich zu solchen Arbeiten herangezogen

Müller in Ebenfurth, Arbeiter aus der Wiener Ankerbrotfabrik: Beide demonstrieren eindrucksvoll, welche Bedeutung der Hygiene in diesen Betrieben zukommt

Brotausträgerin: Große Lasten werden von Frauen ausgetragen. Dabei sind oft bedeutende Distanzen in schwer zugänglichem Gebiet zurückzulegen

Viehmarkt St. Marx (1889): Das Schwein muß mit auf das Foto
Fleischhauerei ist schwerste körperliche Arbeit

Zuckerrübenkampagne: Bei minus zehn Grad werden die Rüben in hölzernen Schubkarren transportiert
Die Zuckerfabriken sind mechanisiert

Eisauslieferung: In den Gasthöfen wird das Eis im Keller gelagert. Die Lieferung wird zum ständigen Wettlauf mit der Zeit
Flaschenabfüllung in der Drogerie: Die genaue Arbeit der Frauen ist hier besonders gefragt

Brauerei in Bad Aussee (1897): Die Gemahlin des Brauers darf auf dem Foto nicht fehlen
In der Stadt werden die Getränke mit Karren zu den Gasthöfen gebracht (Stereofoto)

Vom hölzernen Spinnrad bis zu Maschinensälen: Im Textilsektor sind meist weibliche Arbeitskräfte tätig

Während des Ersten Weltkrieges strömen die Frauen in die Fabriken. Halbwüchsige Arbeitskräfte sind selbstverständlich. Der Fortgang der Produktion wird von einem Soldaten überwacht

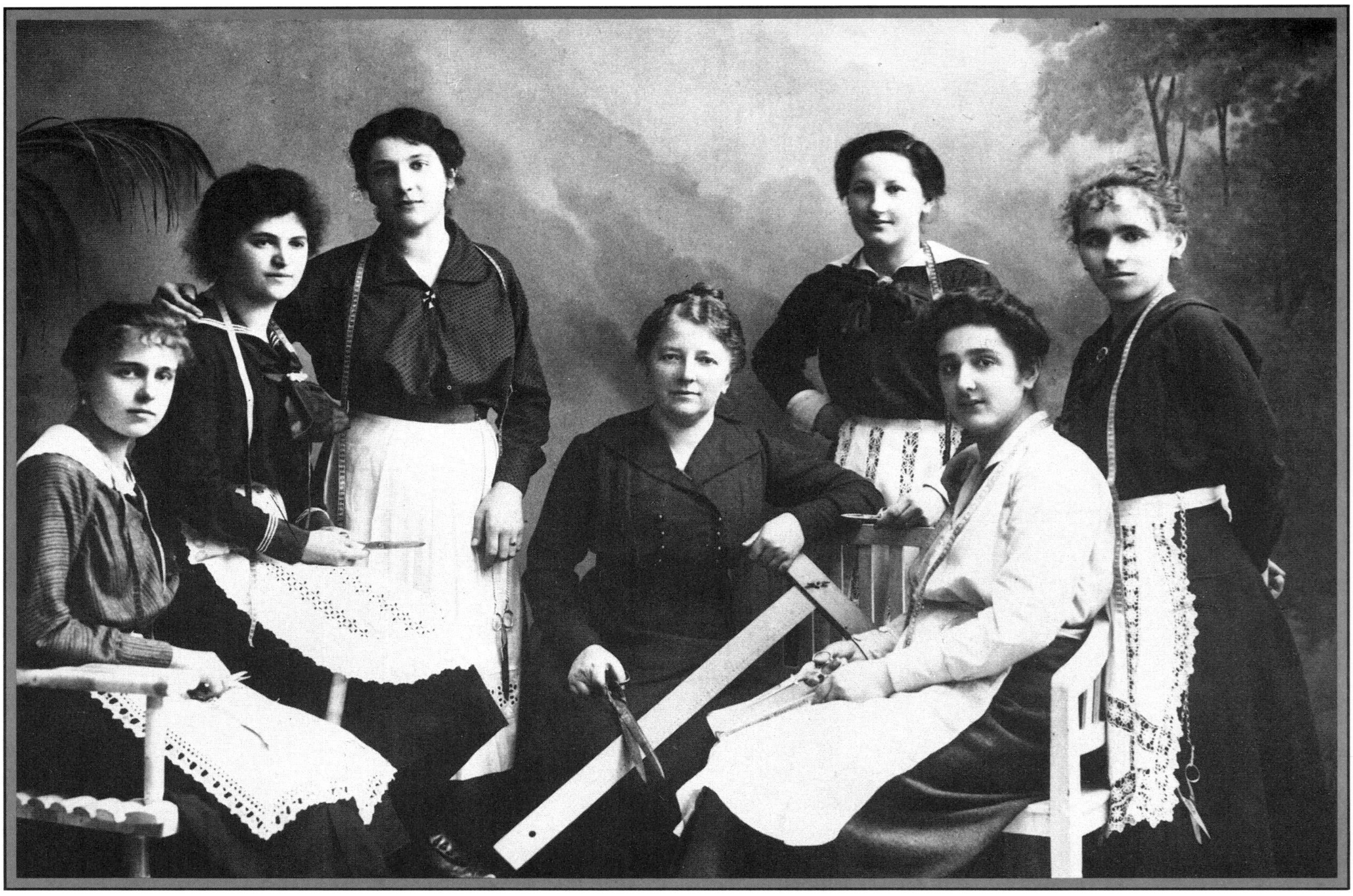

Schneiderei: Während elegante Herrenschneiderei Männersache ist, gehört die Schneiderei im allgemeinen zur schlecht bezahlten Frauenarbeit

Heimarbeiterinnen und Lehrmädchen sind billige Arbeitskräfte

Für Frauen gibt es nur wenige Berufe: Die Schneiderei in Kleinst-, Mittel- und Großbetrieben gehört dazu. Die Lehrlingsausbildung besteht meist nur auf dem Papier. Die jungen Frauen sind Mädchen für alles

Im Gegensatz zu den Fabriken sind die kleinen Schneidereien Familienbetriebe: Neben den Maschinen steht das breite Ehebett

Filzerzeugung und -verarbeitung: Jeder Hut wird einzeln begutachtet. Ein Mann ohne Hut ist nicht gesellschaftsfähig

Gerber, Lederarbeiter

Schusterlehrlinge: Das Schuhwerk wird oft nach Maß angefertigt und soll möglichst lange halten. Schuhe werden immer wieder geflickt und gedoppelt

Die typischen Wiener Schuhwerkstätten: Hier arbeiten vornehmlich tschechische Arbeitnehmer aus den Wiener Vororten
K. u. K. Schuhmacherwerkstätte für orthopädische Schuhe

Kunstblumenbinder und Kammacher: Extrem niedere Löhne und die ständige Angst, durch noch billigere Arbeitskräfte ersetzt zu werden

Schottergrube und Steinbruch (1924): Die meisten Arbeiten werden händisch ausgeführt. Ständige Bedrohung bei diesen Arbeiten: Unfälle

Ziegelerzeugung: In der Lehmgrube werden die Fahrzeuge beladen
Wienerberger Ziegelfabrik in Hennersdorf (1913). Die Arbeiter waren vorwiegend tschechische Einwanderer

Dachziegelpressen: Hier werden häufig Italienerinnen eingesetzt. Kinder müssen mitarbeiten, vor allem beim Ziegelputzen ■ Arbeitspartie im Hüttenwerk Donawitz: Pflastersteinerzeugung aus Hochofenschlacke. Frauen müssen die 8 kg schweren Steine bearbeiten

Bauplatz Wr. Stadtwerke, Mariannengasse
Bau von Notstandshäusern auf der Wiener Schmelz (1910)

In Vorarlberg wird die Fabrik der Firma Hämmerle gebaut. Die Maurer kommen aus dem Burgenland
Hausbau (1914): Frauen müssen den Mörtel auf dem Kopf den Maurern zutragen

Zimmerleute bei der Dachgleiche
Maurer und ihre Helfer mit Mörteltrögen

Dachdeckerpartie (1925)
Arbeitstrupp am Bau: Spengler, Schlosser, Maurer und Tischler

Maurer mit Lehrlingen beim Rauchfangputzen (1938)

Wienflußregulierung und Bau der Stadtbahnstation Stadtpark

Wienflußregulierung bei der Einmündung des Halterbaches. Viele Arbeiter arbeiten barfuß. Das Material wird in Körben herbeigeschafft

Vermessungstrupp beim Trassieren einer Straße (1902)
Bau der Großglocknerstraße (1930)

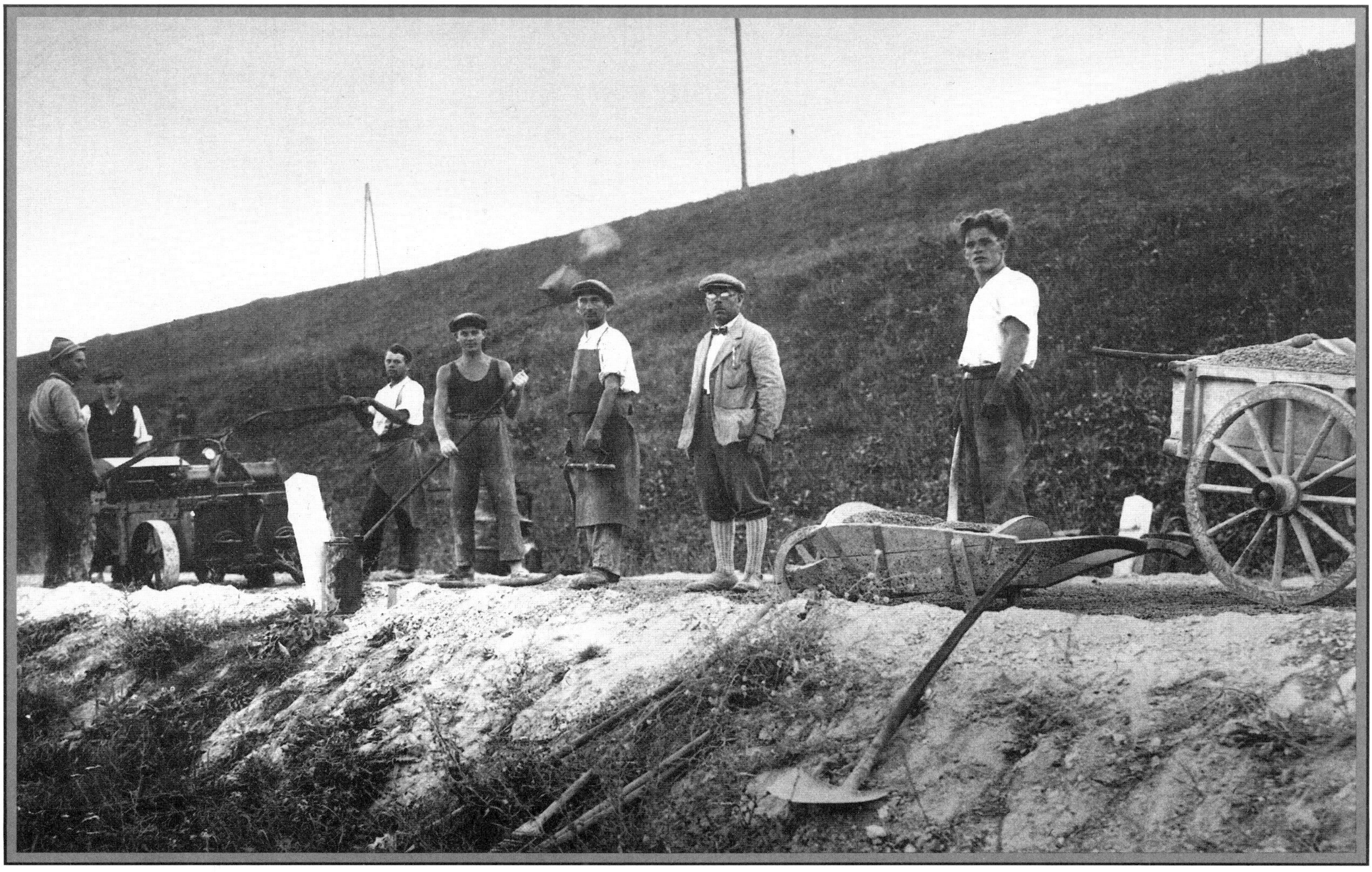

Pflasterung bei der Hietzinger Brücke (1889)
Straßenbau im Burgenland zwischen Neudörfl und Sauerbrunn

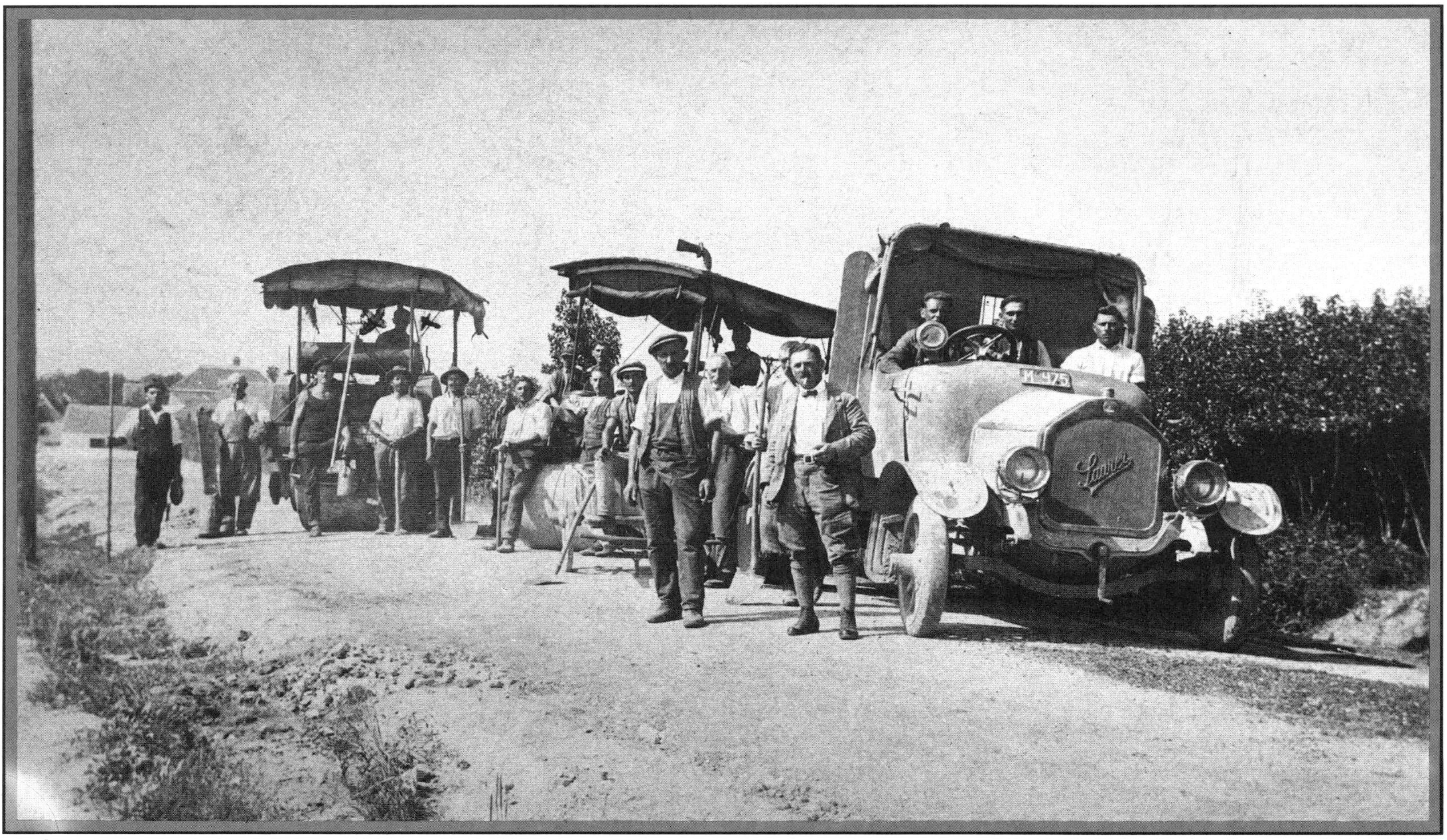

Dammschüttung und Straßenbau um 1930: schwerste körperliche Arbeit

Straßenbau: Fast alles geschieht händisch. Der Maschinist hat eine Sonderstellung

Pflasterarbeiter: Der Anteil der Fremdarbeiter ist auffallend hoch

Bau einer Draubrücke: Die Verbindung mit der Technik wird eindrucksvoll demonstriert

Einsatz des Freiwilligen Arbeitsdienstes bei Bauarbeiten (1934): Acht Stunden Arbeit von Montag bis Samstag, Tageslohn 50 Groschen, Verpflegung und zehn Zigaretten

Straßenbau (1930): Der Stundenlohn beträgt 70 Groschen. In den Pausen wird der winterlich gefrorene Proviant über dem offenen Feuer aufgetaut ■ Montagegruppe der Städtischen Gaswerke

Bau der Wiener Wasserleitung
Die gewaltigen Rohre werden händisch verlegt

Eisenbahnbau: Auch hier werden Frauen zu Schwerstarbeiten eingesetzt

Vermessungs- und Bauarbeiten bei Bahnstrecken

Bau der Mariazeller-Bahn (1921)
Erdaushub

Für den Bau ist Holz der wichtigste Rohstoff. Waldarbeiter hausen an ihrem Arbeitsplatz. Ihre Unterkunft bauen sie aus Rinden

Verstärkungsarbeiten beim händischen Verlegen der Schienen: eine endlose Kolonne

Die für das Foto plazierte Marketenderin trügt ebenso wie die romantische Winterstimmung: Bei der Waldarbeit kommt es immer wieder zu schweren Unfällen

Holztransport: Das Aufladen ist schwerste körperliche Arbeit

Flößer (1898) und Sägewerksarbeiter

Tischlergesellen um die Jahrhundertwende: Ihre handwerkliche Kunst wird geschätzt, aber schlecht entlohnt

Modelltischler (1890) bei Böhler in Kapfenberg mit Werkzeug und Produkten
Frauenarbeit in der Tischlerei

Tischlereien: Beengte Arbeitsplätze fordern Unfälle förmlich heraus

Rahmentischler

Geigenbauermeister mit Familie und Gesellen
Betriebsausflug der Sägewerksarbeiter (1910)

Faßbinder: Im Daubenkasten wird das Holz getrocknet

Schierzeugung (1927): Die Bretter werden mindestens ein Jahr getrocknet

Glanzstoffabrik St. Pölten (1910): Für das Gruppenfoto der Belegschaft wird nach Geschlechtern getrennt. Nur die Chefs dürfen auf beiden Fotos sichtbar sein

Galvanisierung in einer Eisen- und Messingmöbelfabrik (1920)
Glanzstoff St. Pölten (1927): Viskoselaboratorium

Handel: Gemüsestand am Naschmarkt (1912)
Rudolfsheimermarkt (1905); Scherenschleifer preisen ihre Dienste mit lauten Rufen an

Christbaumverkäufer und Blumenverkäuferinnen: Um das Recht, Waren anbieten zu dürfen, kommt es immer wieder zu harten Auseinandersetzungen

Eiereinkäufer um die Jahrhundertwende: Der Hund als Zugtier für den fahrenden Händler
Milchstand auf dem Markt

Milchmädchen: Eine keineswegs rosige Existenz wird im Fotoatelier romantisch verklärt. Die Rosen im Hintergrund sind gemalt

Milchfrau in Ottakring (1905)

Die Lebensmittelgeschäfte (1903) öffnen um sechs Uhr früh und sind bis zum späten Abend offen. Die Preise sind in Kreuzer angeschrieben. Und anschreiben lassen auch viele Kunden. Das erfordert eine komplizierte Buchführung in karierten Schulheften

Konsumverein »Vorwärts« (1908): Mehrsprachige Geschäftsschilder kennzeichnen den Vielvölkerstaat

Für den Feinschmecker: Delikatessengeschäft mit verlockend angeordneter Ware
Billiger sind Würstel aus dem mobilen Dampfkessel

Die gemischten Warenhandlungen erfreuen sich der größten Beliebtheit
Apotheke

Hinter der wohlsortierten Kulisse wird Einkauf und Lager großzügig abgewickelt

Köchinnen um die Jahrhundertwende: Besonders gefragt sind Frauen, die auch Spezialitäten kochen können

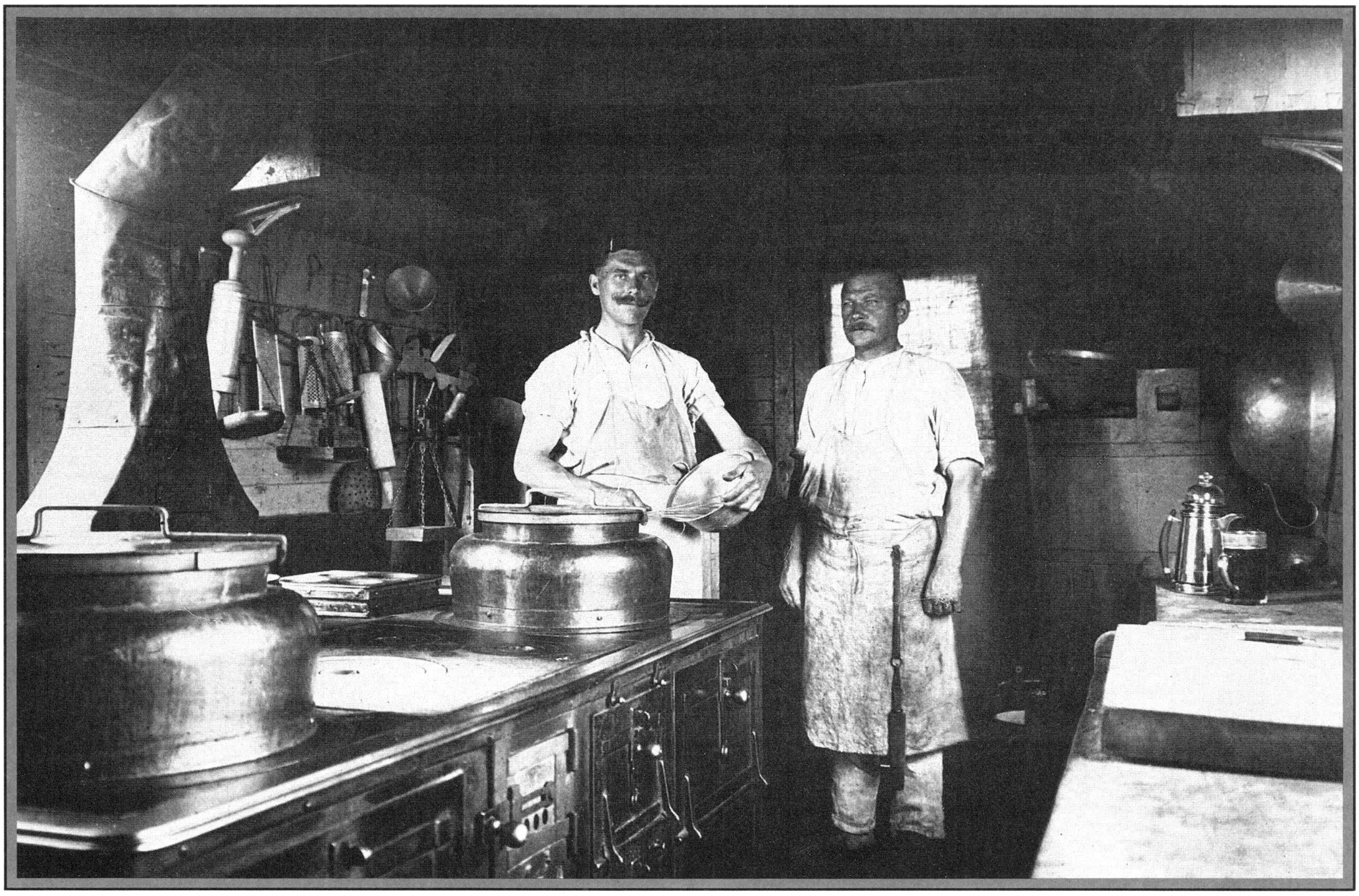

Kochen in der Hotelküche des »Panhans«: Ein Arbeitstag ohne Ende
Köche werden immer gebraucht: auch im Krieg. Feldküche (1916)

Volksküche: Die Kunst des Kochens besteht hier darin, für jedermann erschwingliche Mahlzeiten anzubieten

Kellner: Ein Beruf, bei dem auch gute Umgangsformen notwendig sind

Zuckerbäckerei: Auch hier helfen Maschinen bei der Arbeit
Mehlspeisköchin im Restaurant »Puntigamer«

Kellnerin (1914): Ihr Berufsabzeichen ist die makellose Kleidung, ihre Berufskrankheit sind die maroden Füße

Ausflugslokale: Die Preise sorgen für eine Trennung nach Klassen
Hotelpersonal

Gasthofpersonal: Schankbursch, Stubenmädchen, Kellner

Die elegante Welt des Frisiersalons: Hinter der schönen Fassade gibt es niedrige Löhne. Die Friseure sind auf Trinkgelder angewiesen

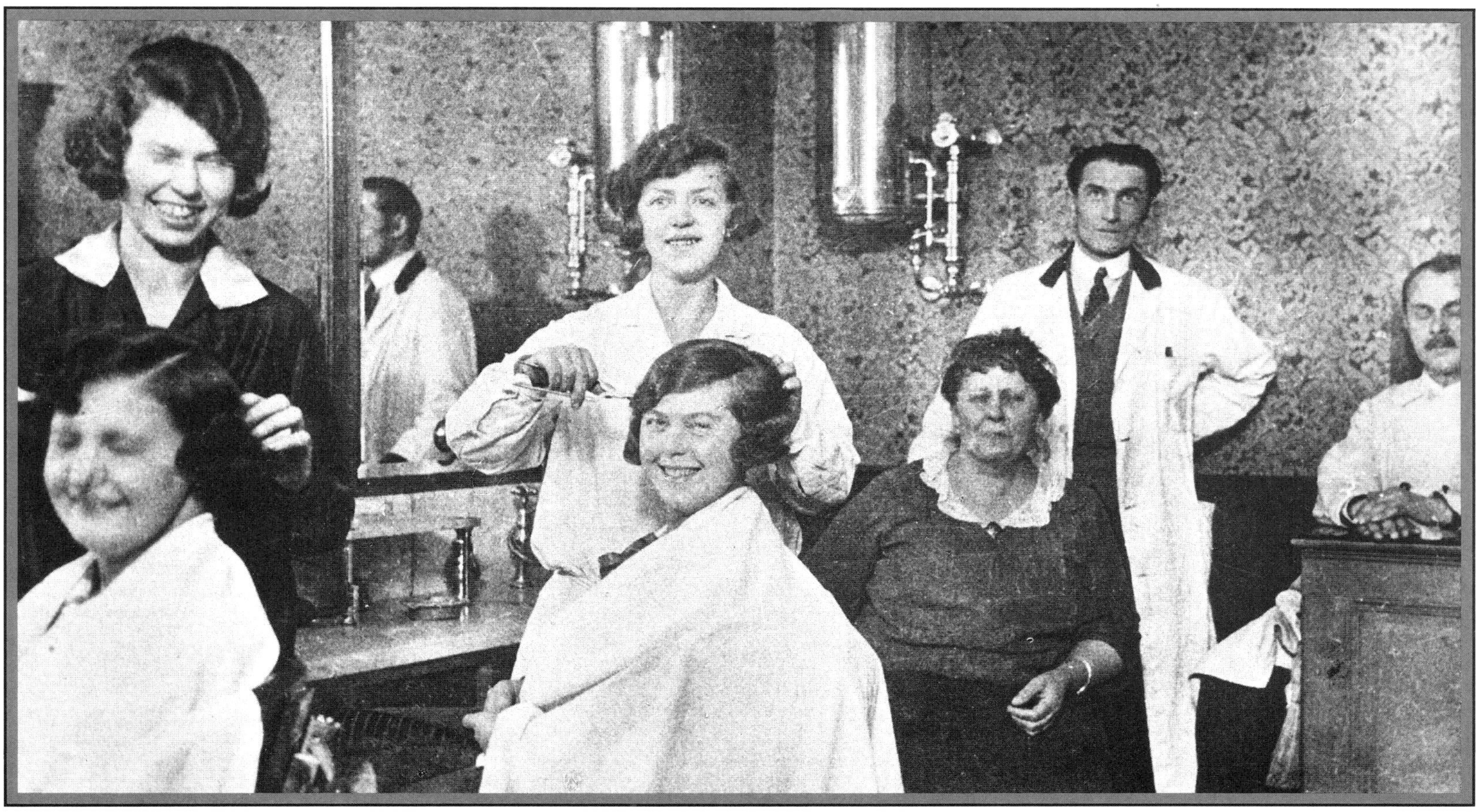

»Dienstpersonal einer hohen Herrschaft« (1917): Die Mädchen kommen meist vom Land, haben kaum Schulbildung und arbeiten fast ohne Freizeit. Bei der geringsten Verfehlung werden sie ausgewechselt

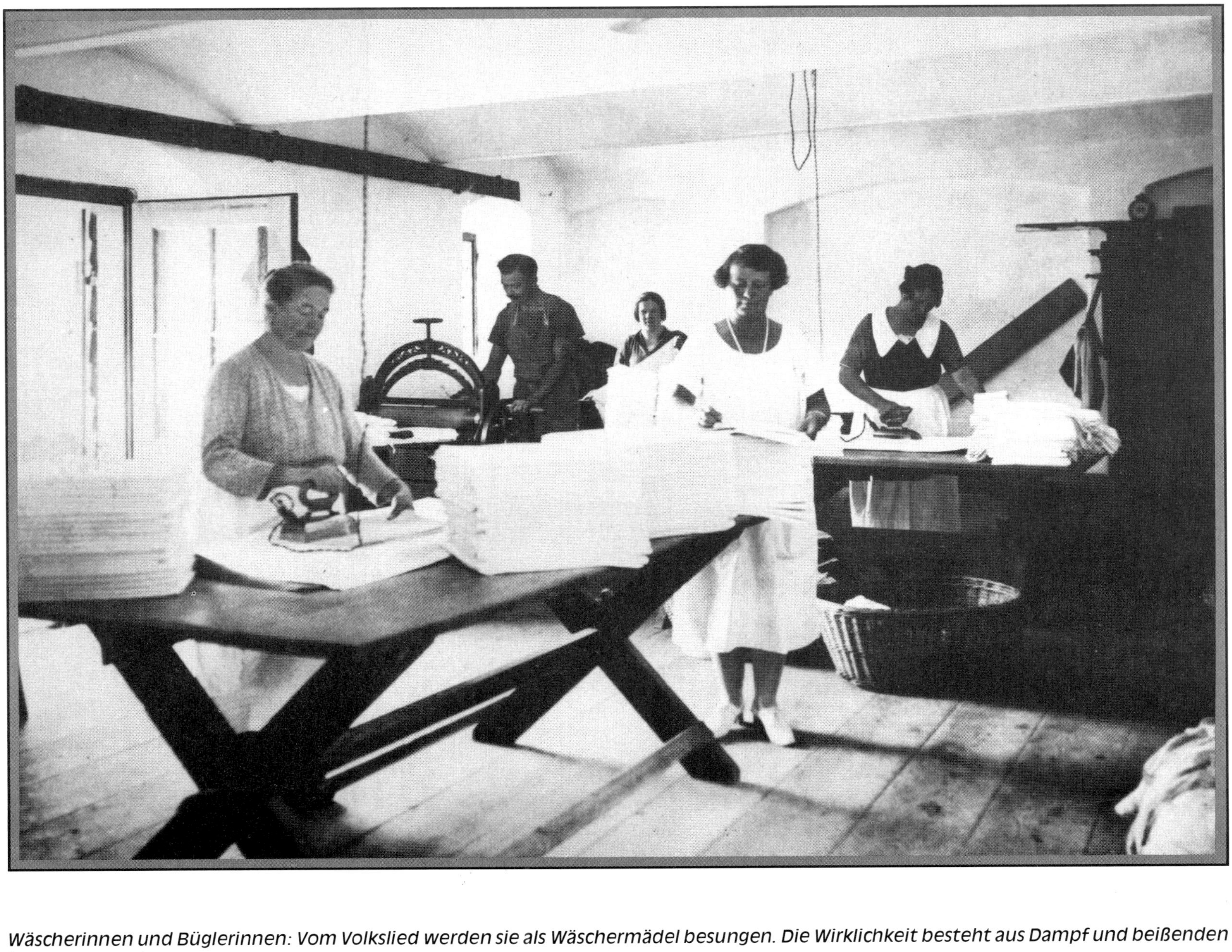

Wäscherinnen und Büglerinnen: Vom Volkslied werden sie als Wäschermädel besungen. Die Wirklichkeit besteht aus Dampf und beißenden Laugen

Bäckergeselle mit seinem Brotwagen (1900): Der Hund wird zum Zugtier. Das Brot wird jenen, die bezahlen können, ins Haus geliefert

Beförderungsmittel für die Reichen (1880): Mittels Radsänfte wird die Herrschaft transportiert. »Zugpferde« sind Frauen und Kinder
Zulieferdienst per Rad (1939): So werden die Hotels an den Kärntner Seen beliefert

Kutscherinnen bei den Ankerbrotwerken (1916): Da die Männer im Krieg sind, übernehmen Frauen den Brottransport
Fuhrmann (1916) auf dem Weg zum Gasthaus: Mit dem Pferdewagen werden die Flaschen transportiert

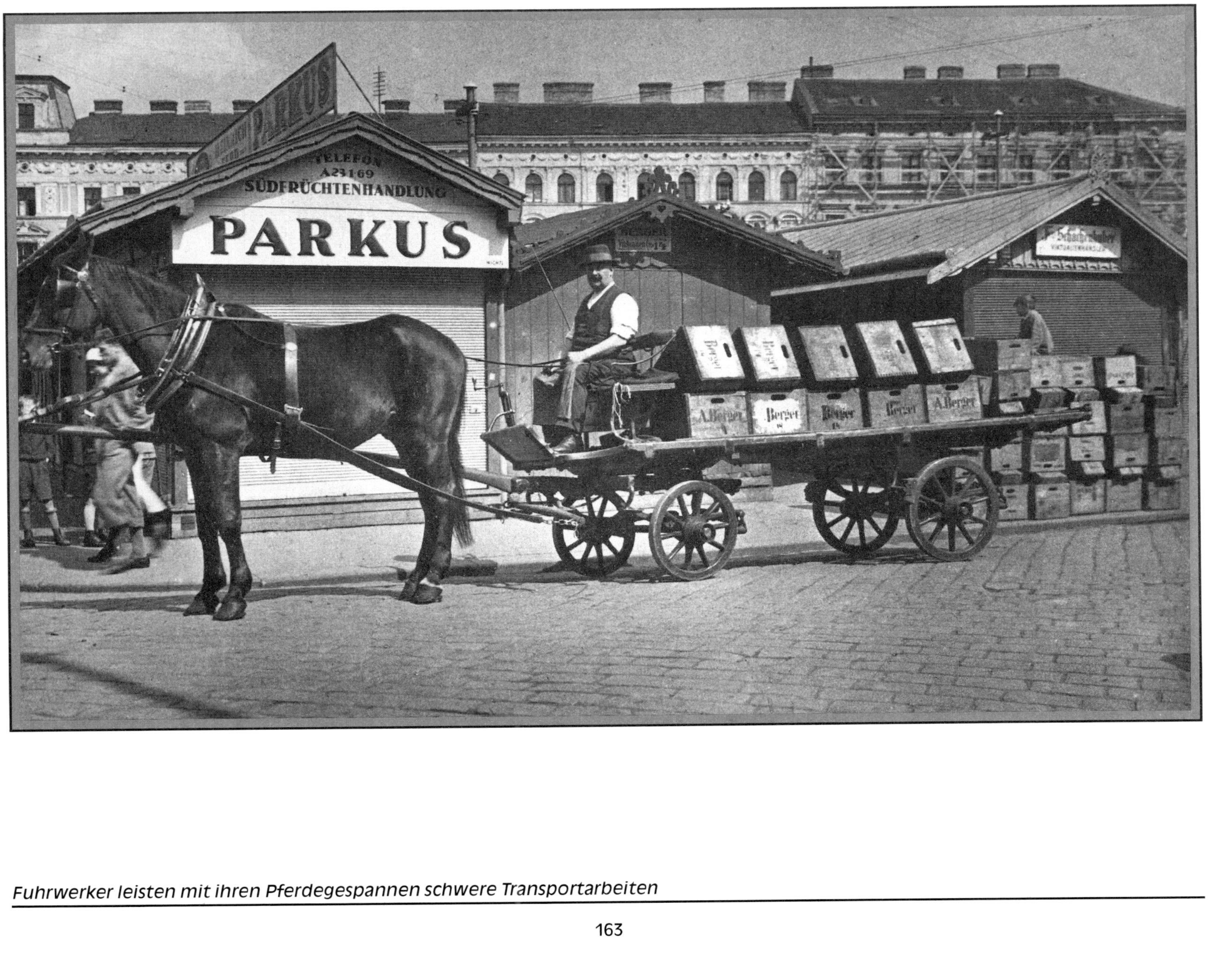

Fuhrwerker leisten mit ihren Pferdegespannen schwere Transportarbeiten

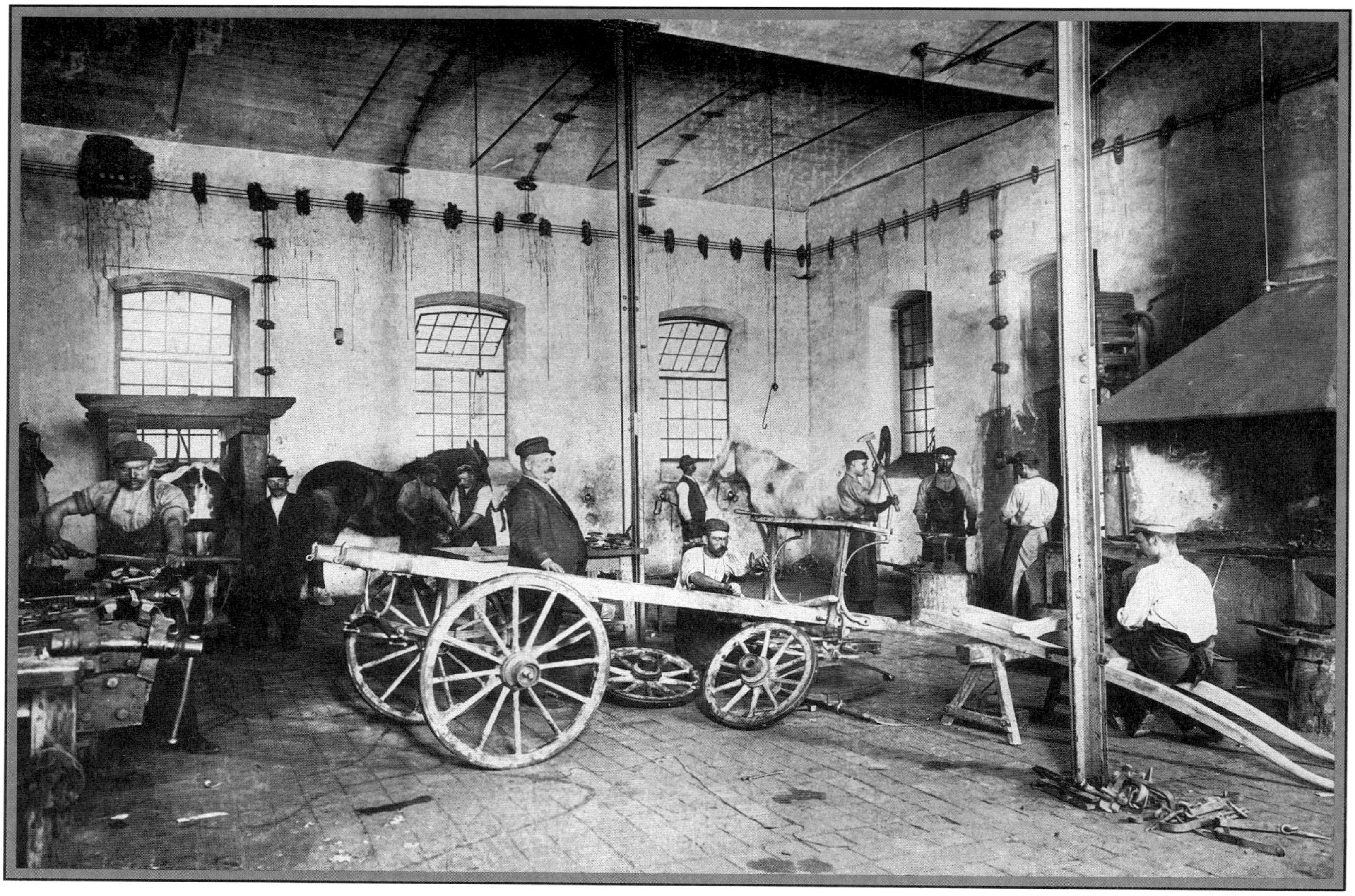

Kampf der Fahrzeuge: Wagner und Schmiede werden zu aussterbenden Berufen

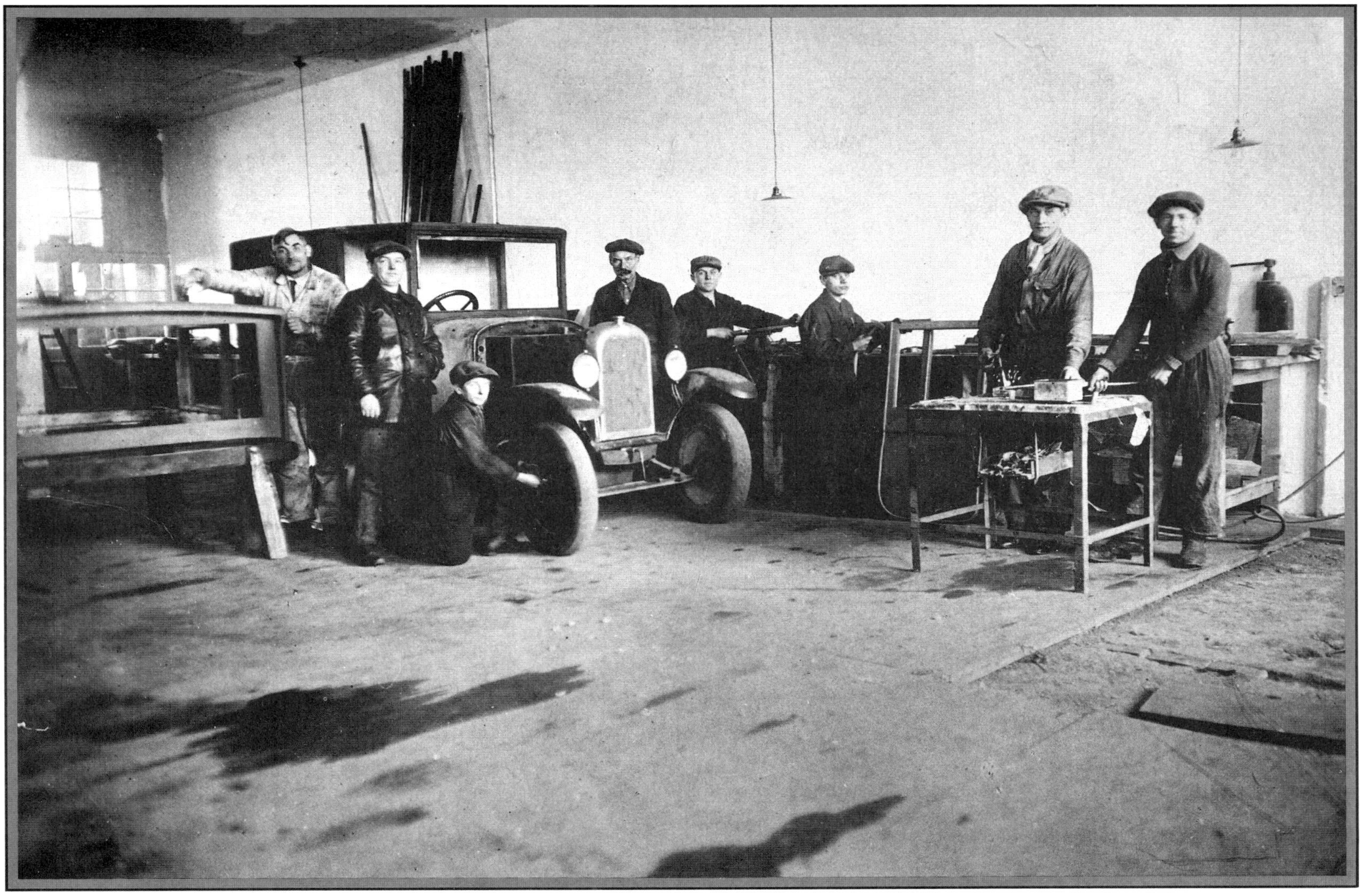

Die Autos sind im Vormarsch. Allerdings sind Autoreifen noch höchst reparaturanfällig

Buntes Nebeneinander von Pferd und Lastauto: Schwertransporte wechseln immer mehr zum Motor
Taxichauffeur: Das erste Wiener Taxi

Ein neuer, stolzer Berufsstand (1919): Die Arbeiter der Automobilfabrik Gräf & Stift
Chauffeur: Hoch angesehen, stolz auf sein Fahrzeug, mehr Mechaniker als Fahrer

Chauffeure der Firma Hämmerle (1929) mit ihrem Fuhrpark, vom Privatauto bis zum Lastwagen

Betriebsausflug mit einem Riesenauto
Auto auf Schienen: eine der ersten Draisinen (1925)

Huckepack-Verkehr: Die schwere Lokomotive wird von der Fabrik zum Bahnhof gebracht
Schlauchboottest: Der erste Prototyp von Semperit wird ausprobiert

Vormarsch der Flugzeuge (ca. 1922): Der Rumpler-Luftverkehr präsentiert seine fliegende Kiste
Mechaniker im Flugzeugwerk

Fahrer und Schaffner in Wien: Diese Berufe sind vorerst den Männern vorbehalten

42139

Pferdewagenkutscher und -schaffner nach der Jahrhundertwende

Die Elektrifizierung setzt sich durch: Schaffner und Fahrer

Straßenbahnfahrerin (1917): Der kriegsbedingte Männermangel macht sich bemerkbar

MARIAZELL
MARIAZELL

STATIONSLEITUNG
WIEN-MATZLEINSDORF

Eisenbahner: Eine Gruppe, die ein starkes Zusammengehörigkeitsgefühl entwickelt und auch gewerkschaftlich eine starke Organisation aufbaut

Frauen verrichten im Weltkrieg Schwerarbeit bei der Bahn: Sie entladen Kohlewaggons

Zum Tag der Arbeit werden die Lokomotiven festlich geschmückt
Zug- und Bahnhofspersonal: Man ist stolz auf seine Arbeit

Die Arbeiter in den Bahnwerkstätten erhalten eine erstklassige Ausbildung. Sie sind technisches Spitzenpersonal

60.174

Postwagen (1910) in Lambach: Die legendäre Postkutsche hält vor dem Post- und Telegraphenamt. Signale werden mit dem Posthorn gegeben ■ Kriegsjahr 1918: Pferde sind durch Ochsen ersetzt

Postamt 1919
Postler (1942) mit Doppelfunktion. Er trägt auch Brot aus

Die komplizierte »gestöpselte« Telefonvermittlung nach der Jahrhundertwende: Die Fräulein von der Post sind Geheimnisträger, weil sie jedes Gespräch mithören können

Arbeit im Kontor um 1900: Korrekte Kleidung wird verlangt

Fräulein in der Schreibstube (1910)
Lagerverwalter in der Fotofirma Kodak mit dem Firmenchef und Erfinder Eastman (1904)

Sekretärin und Sekretär (1920)

Gouvernante (Jahrhundertwende): Sie ist für die makellose Erziehung der Kinder reicher Leute verantwortlich. Meist stammt sie aus dem Kreis des verarmten Adels

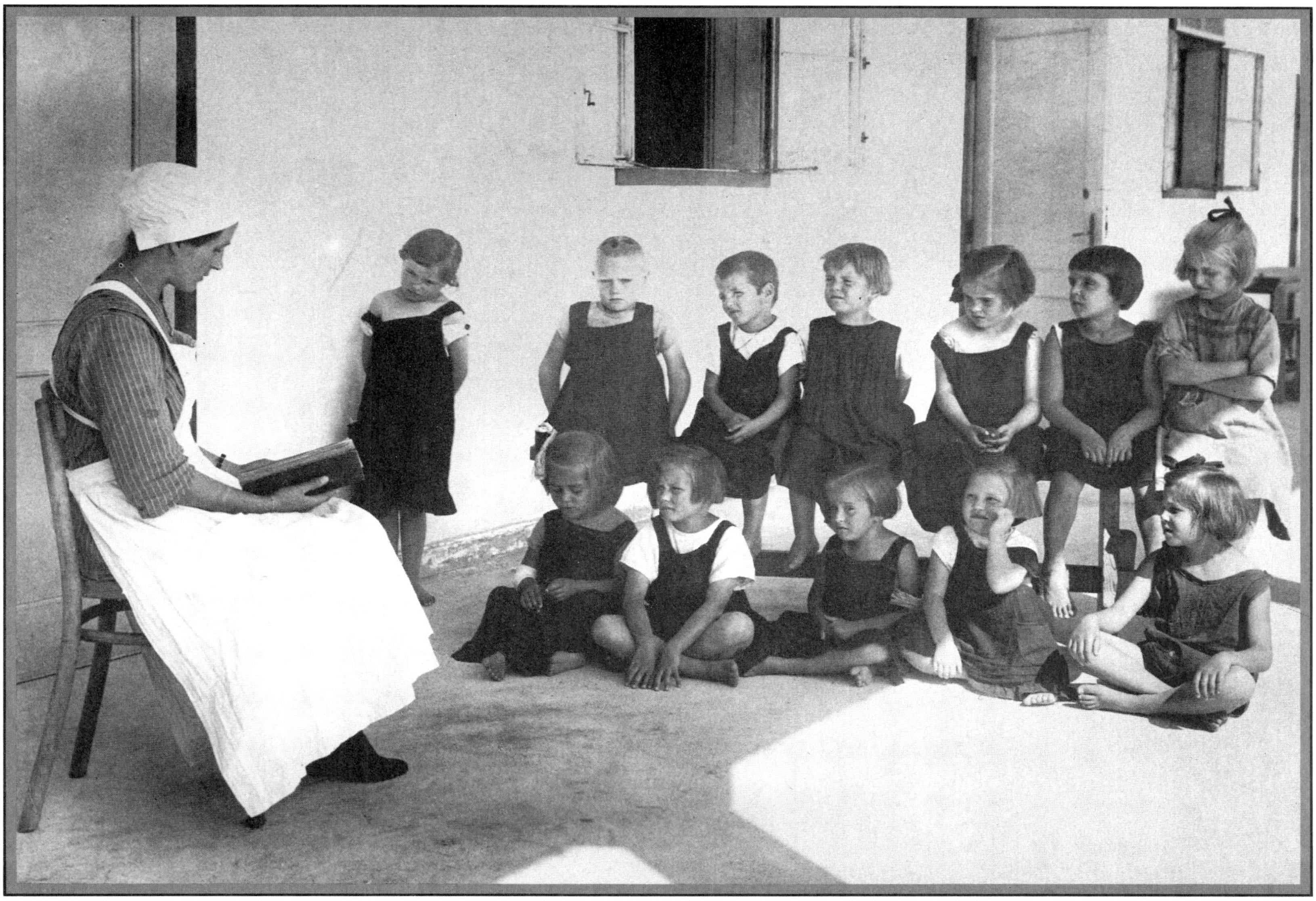

Kindergärtnerinnen der zwanziger Jahre: Langsam setzen sich neue Erziehungsgrundsätze durch. Die Wiener Kindergärten werden berühmt

Die klassischen Schulfotos: Die Kinder sind vielfach barfuß. Die Klassenzimmer sind überfüllt. Der Lehrer ist absolute Autoritätsperson

I. Klasse
Obermeisling

Sicherheitswachebeamte: Im Dorf wie in der Großstadt verkörpern ihre Uniformen die staatliche Autorität

AI 25

Sicherheitswache

Städtische Angestellte: Spritzwagen und Bestattungsinstitut. Gemeindebedienstete waren zwar schlecht bezahlt, hatten aber eine relativ sichere Existenz

Gasriecher: Die offizielle Bezeichnung hieß »Wassertopfwärter«. In den Wasserschächten wurde nach Gasgeruch geschnüffelt
Laternenanzünder (1916)

Müllabfuhr mit Pferdewagen und Straßenkehrer

Feuerwehr: Männer, die ständig einsatzbereit sind

Arbeit unter Tag (Jahrhundertwende): Generationen arbeiten nebeneinander. Kinder sind besonders geschätzt, weil sie auch durch enge Schächte kriechen können. Häufigste Erkrankung: Staublunge

In vielen Familien ist der Beruf des Bergmanns Tradition

Arbeiterinnen im Bergbau verrichten schwerste körperliche Arbeit

1905

Schmiede: Vom Familienbetrieb zur Schmiede im Eisenwerk

Metallarbeiter: Die Metallbetriebe sind die ersten, die sich um eine gediegene Lehrlingsausbildung bemühen. Der Maschinenbau ist ein aufstrebendes Gewerbe

Sensenschmiede: Beruf mit langer Tradition

Feilenhauerei: Die Metallarbeiter entschließen sich wiederholt zu Streikbewegungen. 1911 lassen sich die streikenden Feilenarbeiter fotografieren

Belegschaftsfotos werden sorgfältig inszeniert

Hausknecht in Metallbetrieb
Gießerei: Das Metallgewerbe spezialisiert sich. Die Maschinen sind im Vormarsch. Die Schutzmaßnahmen werden strenger

Mensch und Maschine: Ihr Verhältnis wird immer komplizierter

Belegschaftsmitglieder der Firma Böhler
Originaltext auf dem Foto unten: »Stehkragenmechaniker«

Frauen werden für Hilfsarbeiten in Metallberufen immer häufiger eingesetzt

Drehereiwerkstätte 1920

W. 227

Vom Betrieb ausgesperrt: Die Unternehmer antworten mit Aussperrungen auf Streikbewegungen. Wer sich einer Gewerkschaft anschließt, wird auf die schwarze Liste gesetzt und nicht mehr beschäftigt

EYTAG 21.9. 1910

Forschung im physikalischen Labor
Energiegewinnung: Holzkohlenmeiler

Bohren nach Erdöl in Zistersdorf: Noch weiß niemand, wie groß der Erdölvorrat ist, den man gefunden hat

Vormarsch der großen Fabrikshallen: Frauen werden wegen ihrer Konzentrationsfähigkeit geschätzt

Siemens bildet seine Lehrlinge in eigenen Lehrwerkstätten aus

Krankentransporte um die Jahrhundertwende: Die Rettung ist mit dem Pferdewagen unterwegs

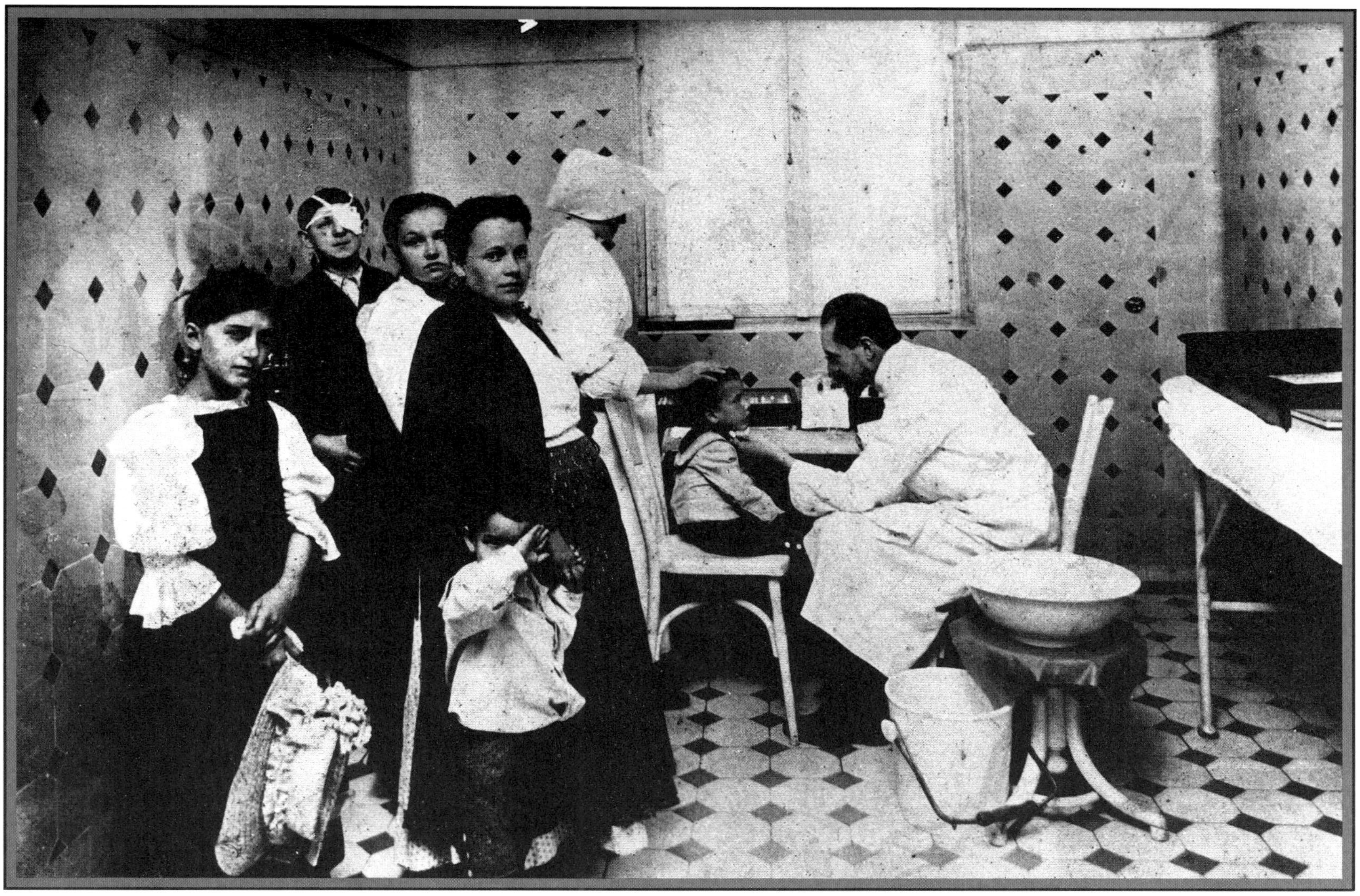

Die ärztliche Betreuung in den Krankenhäusern ist sehr häufig Armenbetreuung. Die Tuberkulose ist die Krankheit der armen Leute

Setzer und Drucker genießen nicht nur höchstes Ansehen. Sie sind auch die ersten, die sich gewerkschaftlich organisieren

Die Arbeit im Druckgewerbe ist durch den Bleisatz der Gesundheit abträglich. Vergiftungen sind keine Seltenheit

Zeitungsexpedit und Auslieferung in den zwanziger Jahren

Werbung auf der Plakatwand

Magazinarbeiter der Wiener Staatsoper
Kino-Operateure ziehen von Ortschaft zu Ortschaft und führen die Wunderwerke der Stummfilmzeit vor

Fotograf (1914): Der Berufsfotograf wird nur selten zum Augenzeugen tatsächlicher Ereignisse. Seine Bilder sind meist sorgfältig gestellt und gaukeln ein glückliches Leben vor

Fotos,

die von Privaten für private Zwecke hergestellt werden, sind sehr intime Zeugnisse: Nur der Eingeweihte kann ihre letzten Geheimnisse entschlüsseln, nur der mit der Szene Vertraute weiß, in welchem Spannungsverhältnis die Abgebildeten zueinander stehen. Wenige Jahrzehnte später sind die Abgebildeten Namenlose, Schicksalslose. So bleibt dem Betrachter die reizvolle Aufgabe, sich die kleinen und großen Geschichten, die zu jedem Bild gehören, selbst auszudenken. Und nur der Historiker kann aus vielen Details seine Rückschlüsse auf die Zeit ziehen.

Die hier abgebildeten Fotos zerfallen in drei Gruppen: Die einen sind original beschriftet, datiert, mit Ortsangaben versehen. Die anderen wurden nachträglich – vielfach von den Erben – grob eingeordnet. Hinter Ort und Zeit ist häufig ein Fragezeichen zu finden. Die dritte Gruppe bleibt überhaupt stumm, aufschriftslos, namenlos. Wie ein Ding, das man aus dem Boden gegraben hat, muß der Historiker das Wagnis einer Einordnung auf sich nehmen.

Was die Autoren und vor allem der Gestalter dieses Buches versucht haben, erhebt keinerlei Anspruch auf Vollständigkeit, nicht einmal auf historische Genauigkeit. Augenblicke wurden zu Gruppen geordnet. So ergaben sich neue, reizvolle Mosaike. Und so sollte jenes Bild entstehen, auf das es uns ankam: Das Gesicht des arbeitenden Menschen.

Augenzeugen-Fotos:

Anzengruber Alois, Appel Anton, Aschenbrenner Friedl, Bartak Rosa, Baudisch L. u. E., Behringer Siegfried, Beilen Hermann, Beringer Emmerich, Bernat Hiltrud, Bildarchiv des ÖGB, Bimashofer Johanna, Binken Josef, Ing. Bischof Wilhelm, Blaurock Stefanie, Blumauer Margarete, Boldrino Karl, Brandstätter Hans, Brantner Eduard, Brodnig Maria, Bründl Hedwig, Bruschek Ludwig, Dr. Bruspersky Hans, Buchegger August, Burian Caroline, Cimburek Rudolf, Dollischal Karl, Dorfner Alois, Draxler Maria, Eckl H., Eigner Gerda, Eisenhut Günter, Eminger Eva, Engelsberger Theresia, Exenberger J., Falkenburger Franz, Feyertag Gertrude, Ficke Anton, Dkfm. Filip Johann, Finta L., Flexl Alois, Frantz Maria, Freistätter Margareta, Friedl Hans, Gensberger Ludwina, Gierer Franz, Glaninger Hermann, Ing. Glanz Wilhelm, Guger Josefa, Haeusgen Adele, Halbauer Karl, Hödl Franziska, Hoffelner Friedrich, Hofmann Margarete, Hoschek Friedrich, Hosek Franz, Hosek-Mühlheim Adalbert, Huber Johann, Huszarek Adolf, Jakobowicz Otto, Janneschitz Franz, Jarz Paul, Junek Johann, Dr. Jurcik, Ing. Kainbrecht Reinhold, Kanies Elisabeth, Katzinger Karl, Kaufmann Karl, Kleweiss Friedrich, Klopf Elisabeth, Knittel Elisabeth, Kollingbaum Josef, Kollross Franz, König Walter, Kopeinig Georg, Kos Margarethe, Köstinger Antonie, Kralik Bodo, Kriechbaum Maria, Krieger Thomas, Krpata Margit, Kuehas Elsa, Küller Wilhelm, Kuntschik Franz, Lackner Erwin, Lackner Magdalena, Landesmuseum Joanneum, Lang Franz, Langbauer Georg, Lechner Adolf, Lehky Erna, Ing. Leimer Johann, Leister Hermann, Lengauer Hermann, Lichtenecker Gertrud, Lux Anton, Mach Hilde, Machala Rudolf, Mahlendorf Annemarie, Maier Dorli, Mairhofer Alois, Mang Karl, Ing. Marzi Walter, Meissel Franz, Miscik Jaroslav, Mag. Mostbauer Josef, Mrkwicka Margarethe, Mück Florian, Müller Rosa, Nansich Otto, Nationalbibliothek, Nestler Elfriede, Neubarth Hermann, Neuber Wilhelm, Newald Walter, Niessner Friedrich, Obenauer Gabriele, Obrist Maria, Ing. Palfinger Franz, Pamminger Marianne, Peham Oskar Hermann, Pendl Leo, Pfaab Viktor, Pichler Elfriede, Pickl Engelbert, Piribauer Rudolf, Pock Ingrid, Poglitsch Roman, Pöschl Josef, Poteser Franz, Prochaska Werner, Pulletz Leopoldine, Ragenauer Hedy, Rauscher Maria, Reiner Franz, Reiter Leopold, Reitmeir-Chini Lydia, Resch Otto, Riedl Rosa, Rohringer Rudolf, Rosenberger Else, Rossegger Franz, Ruckendorfer Herbert, Schamschula Henriette, Schätzinger Franz, Scherr Anna, Scherzinger Josefine, Schiefer Gottfried, Schiller Rudolf, Schlager Richard, Schmatz Johann, Schmied Karl, Schölmbauer Karl, Schreyer Lotte, Schuster Ignaz, Sedlacek Helen, Seewald Josef, Seidl Karl, Seifert Werner, Sendner Gerda, Setzger Leopold, Siemens, Söhnel Rudolf, Stadlmann Franz, Stejskal Ernst, Strohmeyer Gertrude, Sturm Franziska, Sveda Helene, Thaler Lydia, Thomer Fritz, Tieber Josef, Traschkowitsch Peter, Trisko Anton, Uhler Maria, Valenta Bruno, Vater Konrad jun., Ing. Vollrath Gernot, Waldmüller Hilde, Wanko Richard sen., Watzinger Walter, Weber Leopold, Weber Leo, Weindl Rupert, Weinhappl, Widermann Leopoldine, Wiesinger Josef, Winkler Christian, Wirth Matthias, Wuzella Helga, Zatlonkal Josef, Ing. Zlotek Rudolf, Zobl Klothilde, Zouser Elisabeth, Zvacek Fritz.

Winfried Bruckner

Die Heraus-forderung

Die dritte industrielle Revolution, beginnend mit dem unaufhaltsamen Vormarsch der Mikroprozessoren, jene Revolution, die heute in ihren tiefgreifenden Auswirkungen erst schemenhaft sichtbar wird und der scheinbar keine Grenzen gesetzt sind, schafft Probleme vielfältigster Art. Und sie verändert das Bild des Arbeitsmenschen.

Jahrhundertelang war der Typus jenes Bergmannes, wie ihn Emile Zola in *Germinal* so glutvoll gezeichnet hat, der Arbeitsmann schlechthin. An ihm sah man überdeutlich, daß der Mensch seine Arbeitsrolle nicht in der Garderobe abgibt, nicht damit aufhört, wenn er sich im Waschzuber die schwarzen Poren weiß waschen will, sondern daß der Schatten der Zeche weit fällt. Er erfaßt die Bergmannsfrau, die Tag und Nacht darauf lauscht, ob nicht ein außerplanmäßiges Fabrikssignal ein Grubenunglück verkündet. Er fällt auf die Kinder, die schon im zarten Kindesalter den Schrecken der Grube vernehmen und für die es selbstverständlich ist, eines Tages in diesen Höllenschlund einzufahren.

Der Rhythmus der Arbeit bestimmt das ganze Leben, auch jenes Stadium der Erschöpfung, das damals kaum jemand als Freizeit bezeichnen konnte. Vater Bergmann ist es, der den Lohn nach Hause bringt, und der Sohn des Bergmanns ist es, den leise jammernde Frauen aus dem Gasthaus zu zerren versuchen, weil er Gefahr läuft, ein Bier zuviel zu trinken, während die kleinen Geschwister zu Hause hungern.

Die Bergleute sind es, die in abgedunkelten Schlafkojen schnarchen, während die Frauen ängstlich versuchen, die übermütigen Kleinen still und stumm zu halten: die Männer brauchen ihren Schlaf. Es ist stets der gleiche Rhythmus der Arbeit, der ganze Gebiete prägt: die verhängten Fenster am Sonntagmorgen, wenn die Kinder aus dem Elternschlafzimmer verbannt werden; der gemeinsame Kirchenbesuch; wenige Stunden der Ruhe, bevor alles wieder von vorne beginnt. Und selbst wenn die Männer eingefahren sind in die Hölle, lastet ihre Gegenwart über dem Dorf: dort schreibt der Kaufmann jene Summen an, die von den schwitzenden und keuchenden Männern als späterer Lohn aus dem Gestein geschlagen werden.

Eine erbärmliche, mörderische Arbeitsrolle. Und doch alles, was diese Menschen haben: wehe dem Bergmann, dem eine Tonne Geröll das Bein zerquetscht, denn dann ist er ausgeschlossen aus dem Kreis, der Arbeit und Brot hat. Dann muß seine Frau neben all den Kindern, die sie zu versorgen hat, in fremden Häusern

Böden schrubben, müssen die Kinder in den Dienst, müssen manchmal auch die halbwüchsigen Töchter auf den Strich.
Nichts hat der Arbeitsmann. Aber er ist Arbeitsmann. Wo immer er sich bewegt, Tag und Nacht, brennt sichtbar oder unsichtbar das Grubenlicht auf seinem Helm.

Nervenstränge

Jene dicken Nervenstränge, die zwischen dem Arbeitsmenschen und dem Freizeitmenschen hin- und herlaufen und zweifellos zu Tausenden bestehen, so daß jede Trennung völlig unmöglich ist, sind im modernen Industriezeitalter weniger deutlich sichtbar. Solange Arbeit schwerste körperliche Belastung bedeutete, zeigte sich die Verbindung zwischen der schwarzen Staublunge des Bergwerksarbeiters und dem Mann, der auch zu Hause mit Atembeschwerden kämpfte, überdeutlich. In dem Maße, als diese Nerven feiner wurden, brauchte man kompliziertere Meßgeräte. Der US-Psychiater David Larry brachte das auf eine sehr eindeutige Formel, als er in einem vielbeachteten Vortrag sagte:

»Spätestens seit Freud wissen wir sehr genau, wie sehr der Mensch durch die Einflüsse seiner Kindheit geprägt wird. Mit einiger Exaktheit können wir sagen, wie es dem Baby ergehen wird, das die Mutterliebe täglich gespürt hat. Und wir wissen auch über das traurige Schicksal des Säuglings, den man von dieser Liebe isoliert hat. Eben sind wir auch dabei, die Pubertät von den letzten Schleiern des Geheimnisses zu befreien. Aber dort, wo die Erwachsenen Tag für Tag acht Stunden lang die verschiedensten Arbeitseinflüsse erleben und auch erleiden müssen, stehen wir vor einer Landkarte mit weißen Flecken. Hier eröffnet sich für den Mediziner ein großes, neues Land.«

Was David Larry meint, können Ärzte in dicken Ordnern vorzeigen: Krankengeschichten, bei denen organische Leiden nicht sichtbar werden oder erst später auftreten, und bei denen doch alle Symptome vorhanden sind. Legionen von psychosomatischen Krankheiten wurzeln in der Arbeitswelt, wobei das geistige Skalpell eben in dieser Arbeitswelt anzusetzen wäre.

Macht Arbeit krank?

Dennoch ist die Formel, daß Arbeit krank macht, zweifellos zu simpel. Arbeit kann krank machen, so wie schlechte Erziehung krank macht, aber nicht Erziehung schlechthin. Arbeit kann krank machen, so wie nicht die Pubertät an sich Krankheitserreger ist, sondern eine falsch ausgelebte Pubertät.

Es wäre auch völlig falsch, Arbeit einfach darauf zu reduzieren, daß sie nichts anderes ist als die Basis unseres Lebensstandards. Selbst wenn man beim rechtlosen, ausgebeuteten Bergmann bleibt, war da noch mehr als das sichtbare Signal: Seht her, ich bin imstande, meine Familie zu ernähren! Die Bergmannsarbeit wies dem Ausübenden ein bestimmtes soziales Revier zu: dort war er ein vollakzeptiertes Mitglied, Teil eines verbundenen Gefäßes, in dem Nachrichten weitergegeben wurden, von dem jeder andere ausgeschlossen blieb: Liebe und Tod, familiäre Auseinandersetzungen, Arbeitsverschwörungen, Wirtshausgespräche, das alles war sein Leben, das Leben einer gewaltigen Familie. Und am Abend verriet der Körper mit jedem schmerzenden Muskel: Ich habe es wieder einmal geschafft. Ich bin siegreich geblieben. Der Stollen hat mich nicht untergekriegt.

Wie sehr der einzelne Mensch nicht nur Individuum ist, sondern auch Teil einer Berufsgruppe, einer Klasse, beweisen viele psychologische Experimente. Am berühmtesten ist jenes geworden, bei dem Filmstatisten verschiedene Soldatenränge zu mimen hatten. An den Tischen der Werkskantine fanden sich die einzelnen Ränge automatisch zusammen: hier die gemeinen Soldaten, dort die Offiziere.

Natürlich ist es richtig, daß die verschiedenen Berufe auch ein unterschiedliches Prestige aufweisen. Dennoch ist der Grad, in dem Berufstätige sich mit ihrem Beruf identifizieren, viel höher, als landläufig angenommen wird. Der Beruf verleiht einen zusätzlichen Titel, macht es leichter, den Menschen einzuordnen. Der Beruf entscheidet in der Regel auch über den Bekannten- und Freundeskreis. Und der Beruf gibt jenen festen Boden, auf dem man sich bewegt: hier, auf diesem kleinen Stück Boden, weiß man besser Bescheid als die anderen. Auch wenn der Briefträger nur die Gassen und Hausnummern eines bestimmten Reviers besser kennt als seine Mitmenschen und wenn der Automechaniker mit einem Gefühl der Überlegenheit den Straßenkameraden beobachtet, der hilflos unter die geöffnete Motorhaube starrt.

Arbeitslos

Was geschieht, wenn man dem Berufstätigen den vertrauten Boden entzieht, indem man ihn arbeitslos macht, konnten die Psychologen in den letzten Jahren ausgiebig studieren. Zwar sind die materiellen Begleitumstände der Arbeitslosigkeit hinlänglich bekannt. Aber es kommen viele Faktoren hinzu, die vor allem durch den Verlust des Selbstwertgefühls gekennzeichnet sind. Dieser Verlust macht sich auch bei jenen bemerkbar, die objektiv genau wissen, daß sie von der Arbeitslosigkeit völlig schuldlos betroffen sind, etwa dann, wenn ein Betrieb zur Gänze schließen muß. Dennoch kommt es schon bald zu einem Absacken des Selbstvertrauens, zu endlosen Grübeleien darüber, ob man nicht auch seinen Teil zum Absturz beigetragen habe.

Das verläuft noch wesentlich schlimmer,

wenn nur ein Teil der Belegschaft von der Kündigungswelle erfaßt wird. Zwar gibt es auch hier leicht durchschaubare objektive Gründe: zum Beispiel das Vermeiden von sozialen Härtefällen oder die Dauer der Betriebszugehörigkeit. Trotzdem prüft der Gekündigte selbstquälerisch immer wieder, ob er nicht doch eine gewisse Schuld trage. Vor allem kann er die Frage: »Warum gerade ich?« einfach nicht verdrängen. Kommt dazu eine längere Periode, in der er keinen neuen Arbeitsplatz findet, verstärkt sich der Hang zur Selbstzerstörung. Ein Teil der Betroffenen versucht nun mit aller Macht, sich selbst und der Umwelt zu beweisen, daß er immer noch ein nützliches Mitglied der Gesellschaft ist: Arbeitslose entwickeln in ihrem Haushalt wilde Scheinaktivitäten, gestalten die Wohnung um, verlegen neue Licht- und Gasleitungen, basteln sich zu Tode.

Sie werden überempfindlich gegenüber Familie und Mitmenschen. Sie bilden sich ein, weit und für jeden sichtbar das Kainszeichen der Arbeitslosigkeit auf der Stirn zu tragen. Vor allem aber können sie eingebildetes Mitleid nicht ertragen: lieber trennen sie sich von ihren Familien und Bekannten. Nicht wenige von ihnen flüchten in Alkohol und Drogen.

Würden wir den Satz akzeptieren, daß Arbeit krank macht, müßten sie nun befreite, erlöste, gesunde Menschen sein. Eher das Gegenteil ist aber richtig. Sie haben jenes berechtigte oder eingebildete Selbstwertgefühl verloren, das ihnen die Arbeit bisher vermittelt hat.

Verlorener Sinn

Dennoch ist natürlich nicht zu übersehen, daß viele Bindungen, die Arbeiter und Arbeit früher zusammenhielten, in der modernen Industriewelt weggefallen sind und noch weiter wegfallen werden. Von dem Augenblick an, in dem eine Analyse des Arbeitsablaufs – vielfach filmisch erstellt – genau errechnen ließ, wie und mit welchen Bewegungen der Mensch einen Handgriff am schnellsten ausführen kann, fiel zumindest bei der Industriearbeit jener Mensch weg, der ein Produkt vom Rohzustand bis zum Endprodukt unter Kontrolle hält. Also der fertigende, formende Mensch, der in einem abgesteckten Rahmen erkennen kann, woran er eigentlich tätig ist.

An seine Stelle trat die menschliche Maschine, der Maschinenteil, in dessen Adern Blut fließt. Nun plötzlich standen an Fließbändern Menschen, deren geschickt angelernte Hände nach einer gewissen Anlaufzeit reflexartig reagierten. Jene »huschenden Hände, flink wie Mäuse«, die Frauen und Männer noch tief in ihren Schlaf verfolgten.

»Was arbeiten Sie?« wurde eine schwedische Frau gefragt. »Ich arbeite gar nichts«, sagte sie, »meine Hände arbeiten.« Die Reaktionen auf eine derartige Tätigkeit waren vielfältig. Die Krankenstände häuften sich. Männer und Frauen wagten nicht mehr, ihren Beruf anzugeben. Sie schämten sich, einem angelernten Proletariat zugerechnet zu werden. Denn auch in der Öffentlichkeit mußte man ja diesem Gedankengang folgen: Die an den Bändern sind die Ungebildeten, die Dummen. Und nur jene, die in weißen Mänteln planen, einteilen, steuern, sind intelligente Wesen.

Planen, steuern, einteilen: auch diese Illusion ist bereits geplatzt. Diesen Part haben die Minicomputer übernommen. Aber bleiben wir noch einen Augenblick beim vorletzten Stadium. Bei der Explosion aller psychosomatischen Krankheitsbilder, von den geschädigten Kreisläufen über Schwindelanfälle und Sehstörungen, von den kaputten Magen- und Darmregionen bis zu den Herzanfällen, vom kalten Nachtschweiß bis zu Depressionen, von der Drogen- und Alkoholflucht bis hin zu den Arbeitsverweigerern, die in panischer Angst davor, dem Streß nicht gewachsen zu sein, lieber Aufrufe zur Schafzucht unterzeichnen.

In einer bewundernswerten Offensive versuchten Gewerkschafter und fortschrittliche Unternehmer unter dem Schlachtruf zur Humanisierung der Arbeitswelt wenigstens das Ärgste noch zu verhindern. Die verschiedensten Modelle wurden geboren, alle auf der Überlegung basierend, der Mensch müsse über den Arbeitsablauf mitbestimmen können. Besonders in Schweden versuchte man zu Formen der Gruppenarbeit zurückzukehren. Aber es wäre übertrieben, zu behaupten, es sei zu weltweiten Reformen gekommen. Der Sinn der Arbeit konnte nur in den wenigsten Fällen wiedergewonnen werden.

In dem Maße, in dem die neue und neueste Generation der Kleincomputer Arbeiten übernahm und wie in alten Science-fiction-Romanen immer neue Computergenerationen schuf, wurde der Industriemensch auf die Funktion des kontrollierenden Auges zurückgedrängt. Aus Hunderten Arbeitsplätzen wurde ein einziger. Wie im Paradefall der Schweizer Uhrenindustrie wurde ein Berufsstand gedrittelt. Und nur das verbliebene Drittel kann den technischen Fortschritt rühmen: es ist jetzt kreativer eingesetzt, kann neben der Kontrolltätigkeit noch neues Design entwickeln, über neue Marktstrategien grübeln. Wobei freilich auch hier die Diskussion tobt, wann eine weitere Computergeneration selbst diese Aufgabe übernehmen könnte. Immerhin hat bereits ein Computer mehr Bildvarianten errechnet, als dem weltberühmten abstrakten Maler Victor Vasarely eingefallen sind.

Und immerhin hat sich ein Computer auf dem Gebiet des Marketing einem Expertenteam überlegen gezeigt: bei der sogenannten Konsequenzenanalyse, was geschehen würde, wenn man ein fremdes Land schlagartig mit einem bestimmten Produkt überschwemme, buchten die Computer derart verblüffende Vorteile, daß ein US-Experte nur mit müden Scherzen den

Rückzug decken konnte: »Gott sei Dank wissen diese Blechtrottel noch nicht, welchen Beamten in welchem Ministerium man bestechen muß. Solange wir die Bestechungsliste vor den Computern geheimhalten können, ist unser Job außer Gefahr.«

Über eines aber sind sich alle Wirtschaftsexperten einig: Die Revolution findet statt. In Zukunft werden maximal drei Prozent aller Beschäftigten noch kreativ tätig sein können. Der Rest wird entweder ständig von Arbeitslosigkeit bedroht sein oder – wenn man die vorhandene Arbeit und ihren Ertrag gleichmäßig auf alle Arbeitswilligen verteilt – den Sinn seiner Existenz außerhalb der Grenzpfähle der Arbeit suchen müssen.

Zeitsouveränität

Die nächsten Jahrzehnte werden ganz im Zeichen von Arbeitszeitverkürzungen stehen. Dabei wird es zu einem dramatischen Umdenken kommen müssen: je schneller die Maschinen laufen und je mehr sie produzieren, desto leerer werden die Fabrikshallen werden. Will man verhindern, daß es zu einem gewaltigen Arbeitslosenheer kommt, muß man zwei Maßnahmen setzen: zum ersten muß die vorhandene Arbeit gleichmäßig auf alle Arbeitsuchenden und Arbeitswilligen aufgeteilt und zum zweiten müssen die Gewinne, die mit immer weniger Arbeitskräften erzielt werden, sozialisiert werden. Das heißt: Jene Profite, die in die Taschen einiger weniger Unternehmer fließen würden, muß der Staat zunächst in der Form von Maschinen- und Produktionssteuern abschöpfen und dann neu verteilen, entweder direkt als Arbeitslohn oder indirekt in der Form von gratis zur Verfügung gestellten Gemeinschaftsleistungen.

Jede andere Form würde den Sozialstaat zusammenbrechen lassen, weil er plötzlich nicht mehr finanzierbar wäre. Und zusätzlich hätten ja Arbeitslosenheere keinerlei Kaufkraft. All das, was immer flinkere und immer produktivere Maschinen erzeugen, würde ungekauft in den Lagern verrotten.

Der Weg zu diesem Endstadium der sehr kurzen Arbeitszeiten wird selbstverständlich in vielen Etappen zurückzulegen sein. Jeder zu hastige Schritt wäre schmerzhaft. Und es ist leider auch zu erwarten, daß es kurzfristig zu Pannen kommen wird. Jahre, in denen Europa bis zu vierzig Millionen Arbeitslose zählt, sind leider nicht auszuschließen. Dramatische Kämpfe um die für die Industrie so lebensnotwendige Energie und um zu Ende gehende Rohstoffe werden die Situation noch zusätzlich verschärfen.

Der sanfte Weg, Arbeitszeiten besser zu verteilen, hat zaghaft mit der gleitenden Arbeitszeit begonnen. Das neue Schlagwort heißt *Zeitsouveränität,* und hier sind der Phantasie kaum Grenzen gesetzt. Die Grundidee dabei ist, dem Einzelmenschen mehr individuellen Spielraum zu lassen und dieses Bestreben mit den Vorstellungen der Industrie abzustimmen. Je flexibler die Arbeitszeiten, desto spürbarer wird die Entspannung auf anderen Gebieten: so etwa könnten die gefürchteten Stoßzeiten im Straßenverkehr und bei öffentlichen Verkehrsmitteln abgeschwächt werden. Bisher sah man hier nur die Möglichkeit, eine unerträgliche Situation durch immer größere Investitionen zu entschärfen.

In den USA werden derzeit gleich mehrere Modelle erprobt, die dem einzelnen mehr Zeitsouveränität sichern sollen. Da ist zunächst einmal das Modell des *Work-sharing:* zwei Personen, in der Regel Ehepartner, übernehmen gemeinsam einen Job. Wie sie die Wochenarbeit von etwa vierzig Stunden unter sich aufteilen, ist allein ihre Sache. Sie können halbtags wechseln, sie können tage- und sogar wochenweise tauschen. Dieser Versuch kommt in besonderem Maße jenen jungen Paaren entgegen, die der Meinung sind, Kindererziehung sei Sache beider Partner, und das heranwachsende Kind brauche als Bezugspersonen Mutter und Vater.

Unternehmen, bei denen die Maschinenauslastung besonders wichtig ist, experimentieren mit der komprimierten Arbeitswoche. Der Beschäftigte spult sein Arbeitspensum in intensiven drei bis vier Tagen ab und macht dann der nächsten Schicht Platz. Er steht zwar unter besonders starkem Streß, erhält aber als Gegenleistung eine überlange, zusammenhängende Freizeit. Trotz vieler und berechtigter Bedenken der Ärzte verweisen die so Beschäftigten auf eine höhere Lebensqualität in der Freizeit: Da die Erholungszeit nun nicht mehr automatisch auf das Wochenende fixiert ist, können Freizeiteinrichtungen individueller genützt werden. Paradefall ist das Beispiel des Schifahrers, der an einem Wochentag ungestört seine Schwünge ziehen kann, während sich alle anderen am Wochenende vor den Liften zu Schlangen vereinigen und bei An- und Abfahrt zu den Schigebieten in den üblichen Kolonnen stecken.

Die Rubber Company, eine Reifenfirma, führte zur besseren Maschinenauslastung eine zusätzliche Wochenendschicht ein: hier wird an Samstagen und Sonntagen zweimal je zwölf Stunden gearbeitet, die Bezahlung erfolgt wie bei einer üblichen 36-Stunden-Woche. Die Wochenendarbeiter haben dann fünf Tage frei.

Andere Versuche gehen in die Richtung des Langzeiturlaubs. Er kann auf konventionelle Weise zustande kommen, indem man ihn durch Jahre hindurch anspart, was bisher verboten war. Er kann aber auch Teil eines Arbeitsvertrags sein. In den USA etwa haben Teile der Eisen- und Stahlindustrie alle fünf Jahre Anspruch auf einen dreizehnwöchigen Urlaub. Der *Time-Life-*Konzern gewährt seinen Mitabeitern nach fünfzehnjähriger Betriebszugehörigkeit als Treueprämie ein volles Jahr Urlaub. In diesem Jahr läuft das Gehalt weiter, als würde normal gearbeitet.

Und schließlich versuchen es amerikanische Betriebe mit sogenannten Jahresarbeitsverträgen. Der Vertrag hält fest, wie viele Stunden pro Jahr abzuleisten sind. Die Einteilung können die Beschäftigten selbst treffen. Versuche dieser Art kommen den Prognosen vieler Zukunftsforscher entgegen, die darauf verweisen, daß besonders die herkömmliche Büroarbeit überholt und außerdem zu teuer ist, weil sie eine Unzahl teurer Büroräume erfordert. Arbeit dieser Art könnte auch zu Hause erledigt werden. Voraussetzung dafür ist, daß die Bürokraft zu fixierten Zeiten erreichbar ist, über Kabel oder Bildschirm Aufträge entgegennimmt, sie zu Hause erledigt, das Ergebnis rasch bei einer Zentralstelle abliefern kann und zusätzlich über jenes Datenmaterial verfügt, das sie für ihre Arbeit benötigt. Zukunftsforscher verweisen darauf, daß hier nicht nur Kosteneinsparungen möglich sind, sondern auch ein Zustand wiederhergestellt wird, der viele Jahrhunderte hindurch als ideal empfunden wurde: die Einheit von Wohn- und Arbeitsort.

Mitbestimmung

Welche Formen der phantasievollen Arbeitsverteilung auch immer kommen werden, wichtig dabei wird sein, daß starken Unternehmerinteressen ebenso starke Gewerkschaften gegenübertreten. Das gilt für die entsprechenden Gesetze ebenso wie für Regelungen, die im Betrieb selbst geschlossen werden. Wobei die Willensbildung im Betrieb auf möglichst breiter demokratischer Basis erfolgen soll.

Sicher ist eines: der Trend zu kürzeren Arbeitszeiten ist unaufhaltsam. Kürzere Arbeitszeiten werden das Bild des ausgehenden Jahrhunderts prägen. Wobei die Prediger des Weltuntergangs bereits jetzt eine Freizeitgesellschaft sehen, die total konsumabhängig ist, die in Alkohol und Drogen flüchtet, deren freie Zeit von der Heimelektronik beherrscht wird: die Welt der Projektionsflächen, die perfekte Scheinwelt.

Natürlich sind diese Gefahren nicht zu leugnen. Ebenso groß aber ist auch die Chance, daß der von der Arbeit weitgehend befreite Mensch nun endlich zu sich selbst und zu seinen Mitmenschen findet. Daß er jene kreativen Fähigkeiten neu entdeckt, die im Menschen längst verschüttet sind. Daß er zu einem sozialen Wesen wird, das nun endlich Zeit findet, sich für die nähere Umwelt zu engagieren, für die Betreuung der Alten, für die Betreuung der Kranken.

Wir haben gute Chancen, den gebildeten, reifen Menschen zu erleben, der seine Umwelt aktiv und engagiert mitgestaltet. Und je mehr er das tut, desto mehr wird er auch entdecken, welche Produkte dieser Umwelt noch fehlen, was an Produktion scheinbar und was wirklich ist. Auf diesem Umweg wird er dann die Produktion der Fabriken mitbestimmen. Die Produktionsmitbestimmung wird einen Kreis schließen, der mit dem elenden Arbeitsmenschen begann, die materielle Freiheit brachte, kurzzeitig zur maschinellen Sklaverei führte, kurzfristig mitten in der dritten industriellen Revolution Marxens Verelendungstheorie zu bestätigen schien und schließlich zur Mitbestimmung und Mitverantwortung in der Produktion führt. Die letzte, die erregendste Etappe, liegt noch vor uns. Als Herausforderung, die jeder von uns annehmen muß.

»Der Zeitpunkt, zu dem wir kein Wirtschaftswachstum mehr brauchen, weil alle Probleme gelöst sind, scheint mir in einer sehr fernen Zukunft zu liegen, bis dahin gibt es Aufgaben genug zu lösen, und es wird sehr viel Arbeit zu leisten sein. Die Angst, daß uns ein sogenanntes lineares Wachstum in Katastrophen stürzt, ist unbegründet, denn es hat nie ein lineares Wachstum gegeben und wird es auch in der Zukunft nicht geben.

In der Volkswirtschaft wachsen bestimmte Bedürfnisse, sie werden gesättigt, und andere Bedürfnisse entstehen. Nur voraussehen kann man die Entwicklung der Bedürfnisse und die Punkte, wo eine Bedürfnisbefriedigung eintritt, nicht.

Und da wir als freie Menschen in einer freien Gesellschaft leben wollen, sollten wir uns auch nicht darauf einstellen, den Menschen alles vorschreiben zu wollen, was sie dürfen und was sie nicht dürfen, welche Bedürfnisse sie haben können und welche Bedürfnisse sie nicht haben können. Hüten wir uns also davor, den Menschen vorschreiben zu wollen, nach welcher Fasson sie zufrieden werden können.

Und vergessen wir eines nicht: Mit konservativen Einstellungen hat man noch nie eine gesellschaftliche, wissenschaftliche, technische und wirtschaftliche Entwicklung gemeistert.«

Anton Benya

Das Gesicht der Arbeit

Foto-Essay von Fritz Kammler

Das Gesicht der Arbeit unseres Jahrhunderts darzustellen, wird immer schwieriger, für den Fotografen genauso wie für einen Autor. Denn immer mehr blicken wir auf eine Welt der Symbole, der Kürzel. Maschinen verstecken sich hinter Schutzblechen. Gesichter verbergen sich hinter Masken. Der Arbeitsprozeß ist in Hunderte Sektoren geteilt. Arbeitsgruppen verschwinden.
So bleibt der einzelne immer mehr allein.
Eine Maschine. Ein Werkzeug. Und das Gesicht des arbeitenden Menschen.

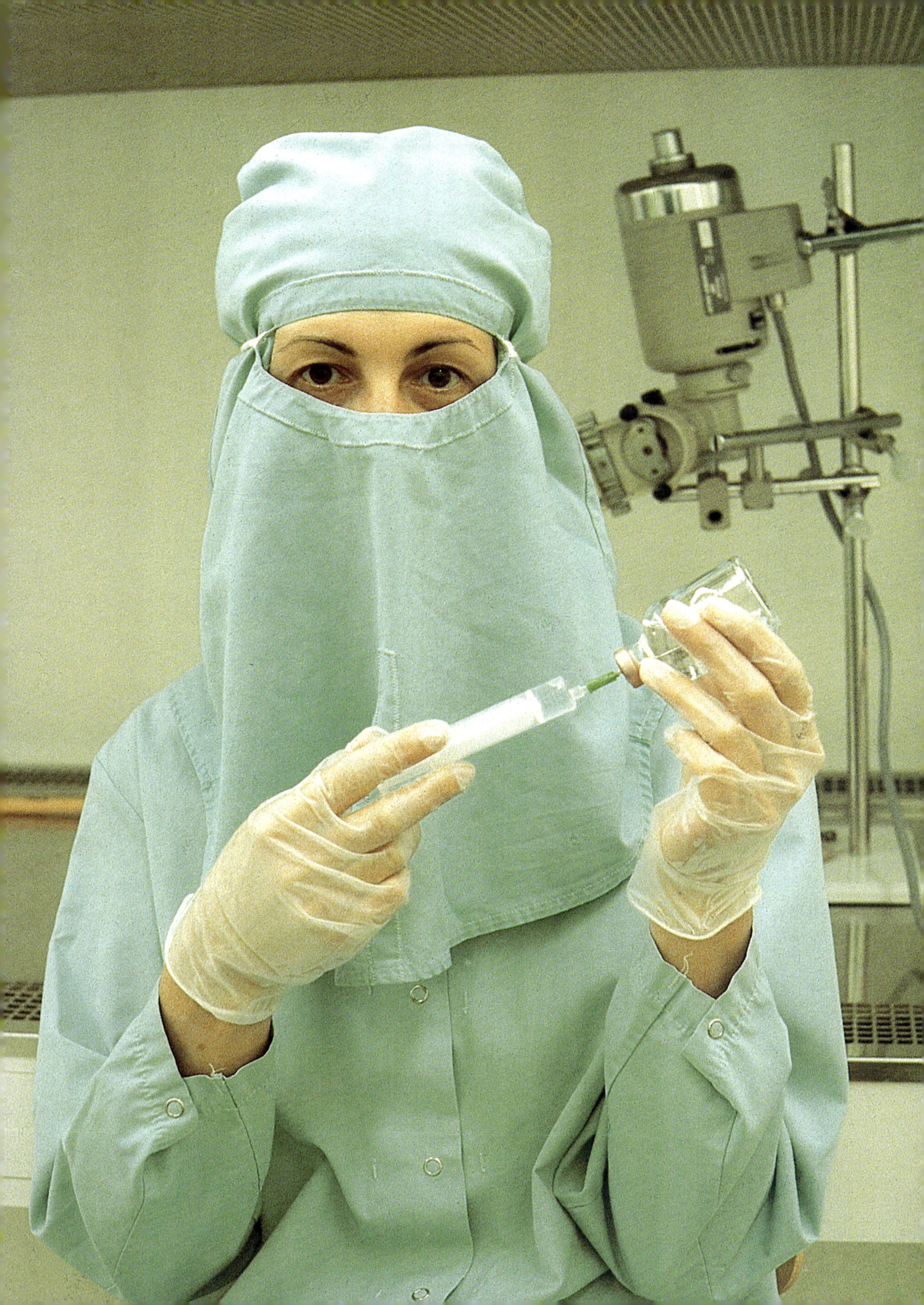

2043.5

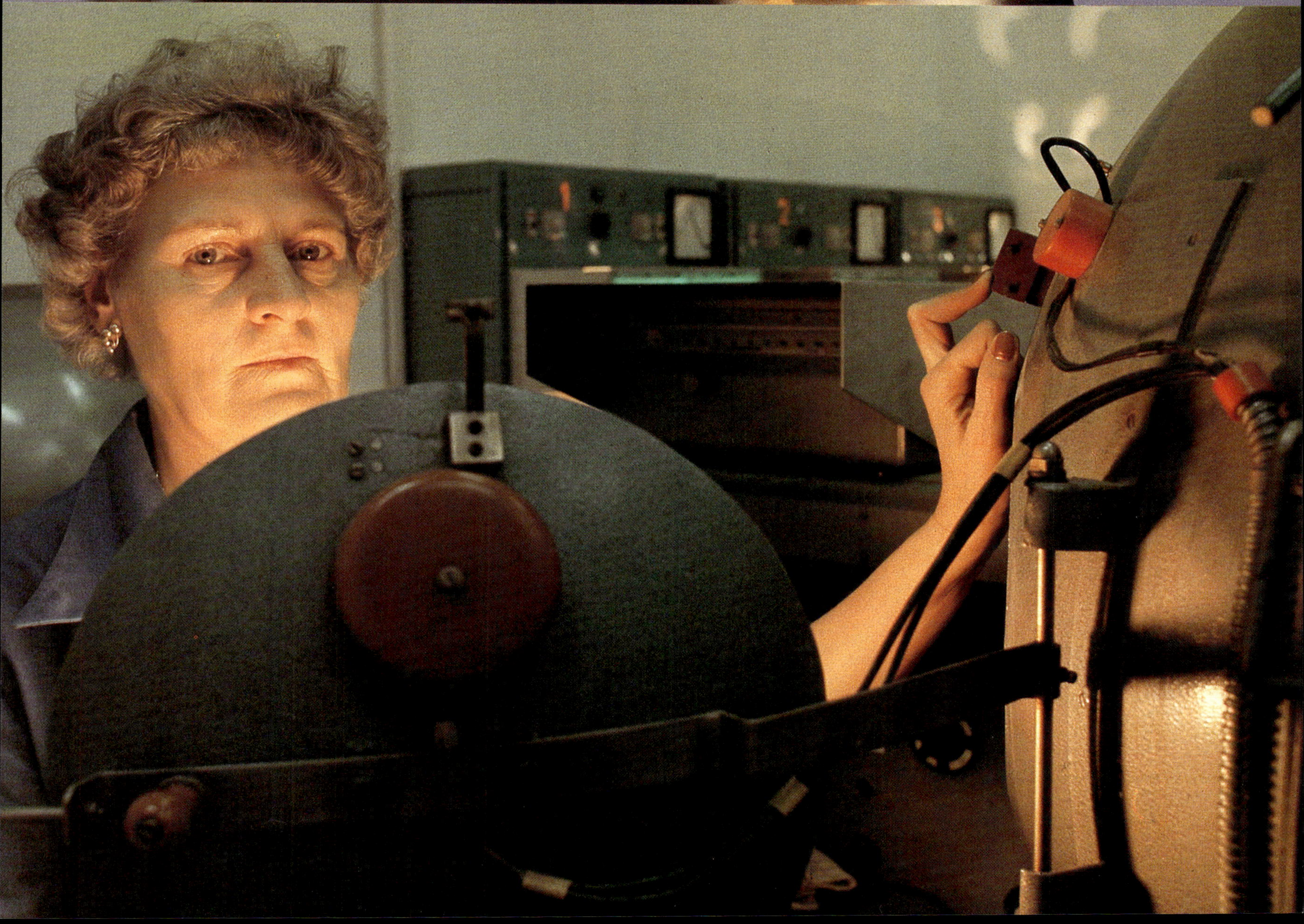

MAXEI

INFORMATION

Firestone

54
52

Medieninhaber Europa Verlag GesmbH Wien

Hersteller Elbemühl Graphische Industrie GesmbH Wien
Verlags- und Herstellungsort Wien
Printed in Austria
ISBN 3-203-50808-7